学校课程发展
精品丛书

丛书主编

舒小红　杨四耕

指向与深度实施

百花园课程的学科

学校课程的
文化表情

主编
李美荣

华东师范大学出版社

·上海·

图书在版编目(CIP)数据

学校课程的文化表情:百花园课程的学科指向与深度实施/李美荣主编. —上海:华东师范大学出版社,2020
(学校课程发展精品丛书)
ISBN 978 - 7 - 5760 - 0677 - 3

Ⅰ.①学… Ⅱ.①李… Ⅲ.①小学-课程建设-教学研究-南昌 Ⅳ.①G622.3

中国版本图书馆 CIP 数据核字(2020)第 241041 号

学校课程发展精品丛书
学校课程的文化表情
百花园课程的学科指向与深度实施

丛书主编　舒小红　杨四耕
主　　编　李美荣
责任编辑　刘　佳
特约审读　陈成江
责任校对　施泠西　　时东明
装帧设计　高静芳

出版发行　华东师范大学出版社
社　　址　上海市中山北路 3663 号　邮编 200062
网　　址　www.ecnupress.com.cn
电　　话　021 - 60821666　行政传真 021 - 62572105
客服电话　021 - 62865537　门市(邮购)电话 021 - 62869887
地　　址　上海市中山北路 3663 号华东师范大学校内先锋路口
网　　店　http://hdsdcbs.tmall.com

印　刷　者　上海锦佳印刷有限公司
开　　本　787×1092　16 开
印　　张　12.75
字　　数　195 千字
版　　次　2021 年 2 月第 1 版
印　　次　2021 年 2 月第 1 次
书　　号　ISBN 978 - 7 - 5760 - 0677 - 3
定　　价　38.00 元

出版人　王　焰

(如发现本版图书有印订质量问题,请寄回本社客服中心调换或电话 021 - 62865537 联系)

丛书总序

　　区域课程改革既受国家课程改革政策影响,又与学校课程变革主体意愿相关。无论是国家课程改革的落地,还是学校课程变革的统领,都和区域这个中间环节密不可分。就区域课程改革推进模式而言,主要有"自上而下"的空降模式、"自下而上"的草根模式和"平行主体"的分布模式等三种。从宏观角度看,自上而下的课程变革层级设计是最有效的;从微观角度看,自下而上的课程变革主体参与是最重要的;从文化角度看,平行主体的课程变革激励分享是最有意义的。面对各种课程变革模式,如何取长补短是区域课程改革的路径选择和实践智慧。

　　美国当代教育改革家约翰·I.古德莱德(John I. Goodlad)和克莱因(M. Frances Klein)、肯尼思·A.泰伊(Kenneth A. Tye)提出"课程层级论"思想,他们将课程分为五个层级:(1)理想的课程,由研究机构、学术团体和课程专家倡导的、以纯粹形式呈现的课程形态。这类课程是否产生实际影响,主要看它是否为官方所采纳;(2)正式的课程,是获得州和地方学校委员会同意,由学校和教师采用的课程,也就是列入学校课程表的课程;(3)领悟的课程,指头脑中领悟的、理解的课程,被官方采纳的正式的课程会以学科形式呈现,经教师理解和领悟进入实施状态;(4)实施的课程,教师根据具体的教育情境,对"领悟的课程"作出调整使之成为"实施的课程",进入课堂教学;(5)体验的课程,这是学生实际体验到的课程,尽管经历了同样的课程与学习,但不同学生会获得不同的学习体验,该层次的课程是对整个课程组织流转的最终检验和落实。[①]

　　在古德莱德看来,上述五个课程层级,每个课程层级都必须进行三个方面的探究:一是实质性探究,包含对课程目标、学科内容以及教材等课程实体要素的本质和价值研究;二是社会性探究,包括对人类发展过程的研究,通过"政治—社会"研

---

① John I. Goodlad and Associates(eds.). Curriculum Inquiry: the study of curriculum practice[M]. New York: McGraw Hill, 1979:344 - 350.

究看到利益倾向及其因果关联;三是专业性探究,主要从"技术—专业"角度考察个体或群体对课程的设计、维护和评价,进而改进、推动或者更新课程。① 前两个方面主要探究课程的价值与原理,后一个方面主要探究课程的技术与实践。古德莱德认为每个层级的课程都必须对其本质与价值、政治与社会、技术与专业进行细节性地审视和实践化处理,才能真正促使课程一层一层地垂直落地。

古德莱德"课程层级论"揭示了课程从理论形态到实践形态的运动过程,使人们对课程概念的理解从静态角度转换到动态角度,真正把课程看成是层次化、系统化和生态化的复杂系统,使我们既看到课程的宏观系统,又看到课程的微观层面;既关注原理的探究,又关注实践的落实,对课程从哪里来,要到哪里去,从时间流上考察清楚了。

按照古德莱德"课程层级论"思想,课程改革从区域布局到学生学习整个自上而下的"课程链"有五个层级:(1)区域层面,代表国家,推行"理想的课程";(2)学校层面,基于本校,规划"正式的课程";(3)科组层面,立足学科,设计"理解的课程";(4)教师层面,深耕课堂,创生"实施的课程";(5)学生层面,聚焦学习,获得"经验的课程"。每个课程层级内部有一个"势能储层"。按照《简明不列颠百科全书》的解释:势能是由系统各部分的相对位置所决定的储能,势能是系统的特性而不是单个物体或质点的性质。② 势能是个状态量,是相互作用的物体所共有的。我们用"势能储层"这个概念来表达在一个课程层级内的若干要素之间的相互作用情况,每个课程层级就是一个"势能储层",该层级内部各要素,如资源、环境、主体等相互作用,产生一定的"能量",进而推动着课程变革进一步落地,形成区域课程改革的瀑布模型(见图 1)。

1. 区域层面:代表国家,推行"理想的课程"

区域层面如何以国家课程政策为依据,以学科课程标准为基础,整合性地推进"理想的课程"落地? 课程是最重要的改革载体,区域课程改革必须立足实际,基于"五育并举"的要求,把对学校发展、教师发展以及学生发展产生影响的各种因素及

---

① (瑞典)胡森,(德)波斯尔斯韦特.教育大百科全书第 7 卷[M].重庆:西南师范大学出版社,2006:109.
② 姜椿芳.简明不列颠百科全书第 7 卷[M].北京:中国大百科全书出版社,1986:323.

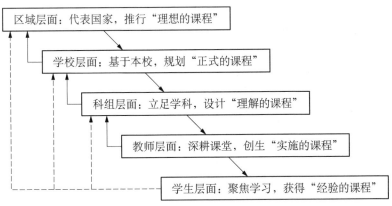

图1　区域课程改革的瀑布模型图

资源进行整合考虑,建构系统的区域课程变革框架。南昌市东湖区组织各层面专家学者以及校长头脑风暴,广泛听取意见,对区域课程改革进行了梳理和归纳,通过充分调查研究,出台了《南昌市东湖区教育科技体育局关于提升中小学课程品质的指导意见》。这是一份"理想的课程"如何落地的宣言书,该指导意见从意义、目标、重点工作和保障措施四个方面为区域课程改革提供操作性指导意见,其目标在于"实践导向、精细设计,以点带面、聚焦特色,整合力量、共同发展",优化工作机制,整合教研、科研、培训、督导等方面的力量,培育一批有推广价值的课程改革经验,促进区域课程品质整体提升;重点工作聚焦在完善课程体系,加强课程建设,改进课程实施,促进课堂转型,构建多元评价体系等方面;本着"先行试点、积极探索、逐步推广、全面推进"的要求,积极稳妥地推进中小学课程改革,提升学校课程品质。应该说,通过区域课程改革政策设计,系统规划了区域课程改革,提高了区域课程改革的理解力和设计力。

2. 学校层面:基于本校,规划"正式的课程"

学校层面如何立足本校实际,推进课程深度变革呢?这一课程层级可以研制学校整体课程规划为抓手,规划"正式的课程",进而提升学校课程领导力。南昌市东湖区每所学校均以校长为核心组建学校课程领导小组。学校课程领导小组牵头研制学校整体课程规划,建立与学校内涵发展相匹配的课程体系,提升学校课程品质。学校整体课程规划关注以下七个关键问题:(1)分析学校课程情境,明确学校课程变革的家底;(2)确定学校课程哲学,把握学校课程变革的价值取向;(3)厘定学校课程目标,引领学校课程方向;(4)设计学校课程框架,建构学校课程体系;(5)布局学校课程实施,转变课程育人方式;(6)改进学校课程评价,提升学校课程品质;(7)探索学校课程管理,保障课程扎实落地。学校根据自身实际情况,以内涵发展为中心,通过整体课程规划,优化学校课程结构,设计适合学生发展的课程体系,有逻辑地推进学校课程变革。① 学校课程变革是一个不断研究、深化的过程,学校整体课程规划本质上是以校长为核心的领导团队关于课程的价值判断力、目标厘定力、框架建构力、实施推动力和管理保障力的探索过程,是课程领导团队通过研究系统规划"正式的课程"的过程。

3. 科组层面:立足学科,设计"理解的课程"

学校是有明确职能分工的科层组织,学科教研组是其中最重要的业务组织。学科教研组层面如何立足学科,设计"理解的课程",便是这一课程层级需要思考的问题。在南昌市东湖区,我们推进学校学科教研组研制学科课程群建设方案,促进教师理解课程的真谛,进入课程领域,发现课程的意义。立足学校与学科实际,学科课程群建设方案主要从以下六个维度进行设计:(1)确定学科课程哲学,把握学科课程价值观;(2)厘定学科课程目标,细化学科核心素养要求;(3)设计学科课程框架,活化学科课程内容;(4)布局学科课程实施,转变学科学习方式;(5)改进学科课程评价,提升学科课程品质;(6)探索学科课程管理,保障学科课程落实。实践证明,学科是中小学教师的专业家园,学科教研组组长是学科课程建设的带头人,是学科课程的主要决策者。通过学科课程群建设方案的设计,带领学科教师走进课程世界,在课程实践中不断建构分享型组织文化,是一所学校课程变革的一个重要维度。

4. 教师层面:深耕课堂,创生"实施的课程"

教师即课程,教师的课程理解决定着教师的教学行为。教师创生课程是专业自主权发挥的体现,是个性化教学生成的重要标志。有学者认为"教师即课程"有

---

① 杨四耕.学校课程变革的逻辑与深度[J].中小学教育(人大复印资料),2016(7):45-47.

两个内涵:其一,教师是课程的内在要素,是课程的有机组成部分;其二,教师是课程的创造者,创造课程是教师的责任。[①] 立足课堂教学,教师创生着最现实、最富有实践感的课程,也就是"实施的课程",其中包含师生关系在内的隐性课程、学科知识的经验再现课程以及拓展延伸的生成课程等表现形态。在南昌市东湖区,我们倡导教师从四个方面激活课程:一是培育课程敏感,让教师在课堂教学中,富有学科育人意识,有迅速捕捉课程资源的机智,充分发展课程的意义;二是提出教学主张,让教师把握学科本质,深化课程理解,对学科课程的理解,在一定意义上就是对学科本质的探寻;三是立足儿童成长,让课堂洋溢生命感,让课程成为给予儿童最重要的礼物,成为支持学生的创造和生长的资源;四是激活课程创生,在鲜活的教育情境中创生课程,践行"教师即课程"的美好追求。从静态知识观到生成课程观,从知识的预设到课程的创生,教师在课堂教学中充分发挥课程实施的主体创造性,实现对课程的情景性理解和把握,全面增值课程的育人价值,这就是"深耕课堂"的意涵,这就创生了"实施的课程"。

5. 学生层面:聚焦学习,获得"经验的课程"

"经验的课程"是学生实际体验到的课程,是儿童经验的改组和改造,是课程运行的最终归宿和效果落实。为了丰富学生的学习经历,促进儿童获得有价值的"经验的课程",在南昌市东湖区,我们强调以下四点。其一,准确把握学科知识的育人价值。学科知识是系统化的人类经验,有其特别的价值。我们倡导以生动的事实与学科知识有机结合的"课程微处理",让儿童从经验中学习,"行动就变成尝试,变成一次寻找世界真相的实验;而承受的结果就变成教训——发现事物之间的联结"。[②] 其二,实现学科知识和学生经验的全面联结。课程既包括静态的知识体系,也包括动态的学习过程,知识体系和经验世界共同构成了课程的风景,促进二者的融通是经验增值的途径。没有学生的经验活动过程,学科知识只是"死的符号",是没有意义的。其三,寻找课程内容与学生经验的最佳结合点。学科知识中的概念归纳、逻辑推理、事理演绎,都必须以学生的生活经验为基点,使学科知识贴近儿童

① 陈丽华.教师即课程:蕴涵与形式[J].课程·教材·教法, 2010(6):10.
② (美)约翰·杜威.民主主义与教育[M].王承绪,译.北京:人民教育出版社,1990:149.

的生活体验,让知识逻辑变为学生可感的经验表达,促使琐碎的经验事实不断地向系统的知识逻辑发展。其四,引导学生进行真实的经验探索和评述。经验是具体的尝试过程,学生不能在被动静听中获得经验,只有在亲自"做"的过程中才能发展出真实的经验。教学要为学生提供经验探索的环境,引导学生主动尝试、积极求索,在发现问题和解决问题中获得经验,表述和评价经验的形成过程和成果。

综上所述,区域课程改革是镶嵌于上述五个"课程层级"中的若干不同主体、不同事件和活动构成的系统运作过程,由上至下构成了一个瀑布式课程推进模型。瀑布给人雄伟、壮观的印象,大家可以想象一下这样的画面:瀑布的上方有个储水池,溪流源源不断地往储水池注水,当池面水位达到一定高度,就会在水池边沿溢出,形成壮观的瀑布场景。溪水倾泻到瀑布底端后,又流进了一个储水池,当水面达到一定高度后又会溢出流入下一个水池,如此一层层往下流动,形成连续的瀑布场景。区域课程变革过程也像这样一个瀑布流,在每个"课程层级"都需要经历"储能"的过程,就像溪水流入每一个储水池,都需要时间积累和事件增值,当水位达到一定高度才发生溢出效应。

事实上,区域课程改革是通过设计一系列阶段性项目任务而展开的,从问题界定到需求分析,从项目确定到策略选择,从项目推进到评估反馈,每一个阶段的项目任务都有明确的内容,都会产生瀑布效应。课程改革项目进程从一个阶段"流动"到下一个阶段,逐步落实与推进,并溅起无数"浪花",形成整体"水幕"的过程,我们可以称之为瀑布式课程改革过程。[①] 从深层次看,瀑布式课程改革是课程政策由外部向内部、由宏观向微观、由理念构建向实践创新转换的关键所在,整个过程包含界定问题、需求定位、项目聚焦、策略选择、触点变革、项目推广、评估反馈等阶段。通过瀑布式推进,区域课程改革氛围可以浓郁起来,课程改革项目可以落地有声。

杨四耕

2020 年 6 月 18 日于上海市教育科学研究院

---

① 杨四耕.区域课程改革的瀑布式推进[N].中国教师报,2017 - 8 - 16(13).

目 录

第一章｜**融于场景：让儿童陶醉在美好里**　　　　　　　/ 001

教育总发生在一定的场景中。融于场景的学习是真实的，儿童心智被真实打开，被激活、唤醒、鼓舞和点燃。融于场景的学习是灵动的，知识与经验、方法与思维的链接在碰撞中生成。融于场景的学习是有温度的，每一个儿童都渴望色彩斑斓的世界，完整、鲜活的场景是儿童学习的时空，更是儿童心灵的归宿，他们在这里萌芽、生长、沉醉，绽放出美好的姿态。

第二章｜**基于问题：生长的学问是智慧**　　　　　　　　/ 033

杜威说："教育即生长，生长是教育的唯一目的，生长之外别无目的。"儿童的生长需要智慧，而智慧总是发端于生命个体原始的惊讶。儿童总以惊讶、惊异的状态表达他们对未知事物的好奇，问题也由此而来。从产生问题，到研究问题、解决问题，再到产生新问题，如此循环往复，儿童也就长出了思维，长出了逻辑推理能力，长出了判断力，长出了问题意识。这种体验贯穿在儿童学习发展的整个过程之中，我们称之为儿童生长的学问。

第三章 ｜ **源于生活：让灵性不受污染**　　　　　　　　／ 065

"教育只有一个主题——那就是多姿多彩的生活"。艺术创作不是生活的翻版、备份，而是艺术和生活的完美融合，是典型生活的审美化处理。美是人的内在与外界进行交流与互动的结果，先有真实和美好感受，才有真实和美好的表达。于是，儿童亲近艺术，就是在了解艺术是如何体验、感悟、提炼和加工生活的，就是在感受艺术的丰富多彩和生活的变化无穷，就是在认识生活、了解生活、融入生活。一句话，亲近艺术，就是亲近生活，亲近心灵。

第四章 ｜ **汇于开放：一种语言就是一种眼光**　　　　　／ 083

语言是存在的家，不同的语言承载着不同的文化、历史、风俗习惯和风土人情。语言是一把钥匙，一把让儿童打开民族界限、地域藩篱、文化差异的钥匙。对于儿童来说，认识、了解、学习一门语言，就是在认识、了解、学习一种文化、历史、风俗习惯和风土人情。这样的过程绝不只是知识的累积和经验的叠加，更是思维的发展和眼界的打开。儿童凭借语言这把钥匙，用世界的眼光看世界。于是，世界成为儿童的世界，儿童也成了世界的儿童。

第五章｜**成于智慧：不止于知识和思维**　　　　　　　　/ 101

12 岁以前的儿童，对世界充满好奇且拥有自己独特的感知，他们总喜欢用眼睛去观察，用耳朵去倾听，用双手去触摸，而不是像成人那样，更多地依靠知识的学习、经验的传递。遵循儿童的身心发展规律，把一个完整的世界呈现在他们面前，让他们在与大自然的花草树木、鸟兽虫鱼、山川河流、风雨雷电的对话中，形成自己对世界的认识与思考，这不仅仅是知识与思维，更是一种智慧。

第六章｜**臻于美感：臻达最美的人性**　　　　　　　　　/ 135

一个艺术作品的诞生，总是在创作者轮番地相信、怀疑、热情、绝望、欣喜与痛苦之后诞生的。伟大的艺术作品，无论最后以何种姿态呈现，你总能从中找到善与美好。艺术创作如此，教育亦然。真善美是教育永恒的追求，引导儿童发现美、感受美、表现美，最终创造美，继而陶冶美的心灵，成为美的使者。如此，教育才能实现以美育美，各美其美，美人之美，美美与共。

让每一朵花如其所是地绽放

南昌市百花洲小学(以下简称"百小"),位于东湖书院百花洲畔,是一所以科研闻名的百年老校。它始建于光绪三十三年(1907),原名"东区两等小学堂"。一百多年来,学校为国家培育出一大批德才兼备的人才,他们在各条战线上为国家进步、社会发展作出了重要贡献。

百小是一所科研名校,先后被评为"江西省首届教学科研先进学校""南昌市科研品牌学校""南昌市名校""南昌市中小学实施素质教育示范学校";2018年,百小的课改实验成果"促进随迁子女融入的'四共'合作教育机制的建构与实施"获得国家级基础教育教学成果二等奖。

这些荣誉的背后,是历代百小人课程改革探索不止的脚步。早在2002年,学校就跟随着国家第8次课程改革步伐,初步形成了"科研提师能、课改促生长"的办学策略。历任百小领导薪火相传,教师努力践行,使课程之花如约绽放,清香四溢。学校多次接待省内外的教育考察团,并长期和省内多所学校保持手拉手、连心校关系。基于学校在科研兴校、课程改革方面的成绩,《人民教育》《中小学管理》《中国教育报》《中小学校长》《江西日报》《江西教育》等报纸杂志以及中央电视台、江西电视台、南昌电视台等媒体都作了深度报道。

在深化教育改革、开创教育新纪元的今天,百花洲小学将继承传统、着眼未来,立足当下、创新发展,谱写素质教育昂扬激越的新篇章。

一、 学校课程理念： 让每一朵花如其所是地绽放

百花洲蕴含千年文化灵秀,百花洲小学历经百年芳华。当教育与文化、与厚重的历史、与先进的课程在这片土地上相遇,"百花开"就不再只是想象中的美好画面,而是现实中的宏伟蓝图。

在百小教育人看来,生命是平等的,没有好坏,没有等级;生命是灵动的,各有各的特点,各有各的优势,且在不断发展变化。百小教育人把每一名学生当作一朵含苞待放的花骨朵,希望学校是个花开万朵,各放光芒的教育生态园。因此,"办百花教育,成多彩人生"成为学校的办学目标。我们又提出"让每一朵花如其所是地绽放"的办学理念,并将其概括为"百花教育"之学校教育哲学。"百花教育"是以生命绽放为追求,以多元发展为目标,以合作文化为基石,以丰富课程为载体,以规范制度为保障的现代学校教育样态。

我们做"百花教育",就是把尊重生命作前提,掌握教育规律为基础,搭建成长平台当手段,让每一名学生像鲜花一样快乐成长,健康发展,绽放出其自有的独特的光芒。为此,我们提出这样的办学信条:

我们坚信,

每一个孩子都是一朵花;

我们坚信,

教育是静待花开的美丽守望;

我们坚信,

学校是成就孩子梦想的一片沃土;

我们坚信,

百花洲上百花开是学校教育最美的图景;

我们坚信,

让每一朵花如其所是地绽放是教育最舒展的姿态。

基于以上教育思考,"百花洲上百花开"的课程理念应运而生——它有着丰富的滋养,充满了内在的生长力,是个性的张扬,绽放出生命光彩。

课程即丰富的滋养。丰富而多元的课程更有利于孩子的人性丰满。百小在完成国家课程计划的前提下有机整合地方课程、校本课程后形成"本校课程"。它体现了学科间的融合,个性与共性的兼顾,课内与课外的互通,满足了社会发展对人才培养的需求。相关学科的融合使得课程的内涵更丰富、外延更广阔。以语文学科为例,百花园课程中的语文是在对国家课程(语文教材)、地方课程("百花人文探究")、拓展课程(经典诵读+提前读写)进行统整后的大语文,它有着单一的课程无法比拟的丰富滋养。个性与共性的兼顾,来自于国家课程的普适性、地方课程的特色性、校本课程的个性化。三级课程理念之下的"百花园课程"正好照顾学生的个别差异,满足学生多样化的需求。

课程即内在的生长。孩子的生命成长,自有他的轨迹。教育,就是顺应这个轨迹来促进内在的生长。"百花园课程"为每个学生的内在生长而设计,它考虑到学生的个性特点,遵从生命成长的规律,呵护孩子的天性,给他们的发展提供更多的可能性。在课程设置上,充分考虑到各学科的特点以及内在的关联,并落实到学生成长与发展上,通过课程实施来帮助学生认识世界、认识自我、促进内在的生长。

课程即个性的张扬。英国教育家弗雷德·诺思·怀特海强调:在教育中如果排除差异化,那就是在毁灭生活。"百花园课程"根据学生的不同兴趣爱好及特长,设置不同层次、不同类型、不同周期的可供选择的拓展性课程,既保障基础性学习的要求,又满足了学生内在的需求,张扬了学生的个性,展示其生命个体的特点。在"百花园课程"中,每一门课都因学生发展需要而设置,最大程度满足了学生个性的需求。

课程即生命的绽放。课程是一种精神之旅。学生通过"百花园课程"学习,不仅能得到认知生长与潜能开发、身体成长与心理健康、艺术审美与创新能力,还能收获品德形成、人格发展等人文精神塑造,促进他们可持续发展,实现生命的精彩绽放。

二、 学校课程目标: 每一个孩子都是一朵花

学校课程是为育人目标的实现服务的。百小教育人从育人目标的厘定出发思考学校课程建设。

在我们眼里,每一个孩子都是一朵花,学校是百花和谐生长的生态园。学校要培养"和合、雅美、践行"的学子。和合即和谐、合作、灵动,雅美涵盖审美、健美、创美,践行具体表现为练习、实习、创习。在百小教育人看来,百花教育是和谐的、合作的、灵动的,百小学子要懂和谐、会合作、能审美,包括善于发现美、欣赏美、创造美,还能够在练习、实践中学习知识,增长创新意识和创造能力。

作为学校课程建设的重要基点,学校将"和合、雅美、践行"的育人目标细化为

以下课程目标(见表1),从低、中、高三个年级使"百花园课程"的培养目标更精准、可行。

表1　百花洲小学"百花园课程"目标表

育人目标＼课程目标	低年级	中年级	高年级
和合	在与同伴的交往中初步学会自我管理、自我服务;能够亲近老师、关心同学;与人交流时,养成倾听的习惯;有礼貌、守纪律,爱护班集体,初步具有团队意识。	乐于与同学结对子,在与同伴的交往合作中能够自尊自信、自我管理、自我服务。学会关心他人,乐于与他人交流想法;能够调节情绪,培养健康的心态,遵守社会公德,树立社会责任感。	能积极主动地交友,智慧地与人相处,自我管理与自我服务意识强;善于倾听他人的意见或建议,保持乐观向上的心境,拥有健康的心态;遵守道德准则和行为规则,拥有强烈的集体意识和社会责任感,有理想信念、敢于担当。
雅美	兴趣爱好较为广泛,喜欢一切美好的事物;学习欣赏和赞美他人。积极参加体艺活动,开始养成锻炼身体的好习惯。	形成较为固定的兴趣爱好,培养对美的感知能力,学会欣赏美,懂得将美好展示。积极参加体育锻炼活动,拥有健康的体魄和心胸,感受运动带来的快乐。	具有健康的审美价值取向,有发现、感知、欣赏、评价美的意识和基本能力,能够对生活中的人与事作出评价与选择,形成一定的价值判断;积极主动参加健身健美活动,感受运动之美,积极创造美。
践行	喜欢学习,愿意思考,初步体验学习与思考的快乐;学习值日,养成劳动的习惯;对身边的事物充满好奇,初步养成探究精神和创新意识。	具有初步的学习能力,尝试独立自主地学习;爱劳动,乐于参加社会实践活动,尝试解决问题;具有好奇心和想象力,学会质疑,有一定的辨析能力。	能积极主动地学习,勤于反思;乐于在生活实践中学习,做到学以致用;动手能力强,以劳动为乐,珍惜劳动成果,理解劳动内涵;有创新精神与批判精神。

三、 学校课程体系: 百花洲上百花开

　　培养"和合、雅美、践行"的学子,建设"立体、丰满、连结"的学校课程,基于"百

花洲上百花开"课程理念和课程目标,学校积极构建富有逻辑的"百花园课程"体系。(见图 1)

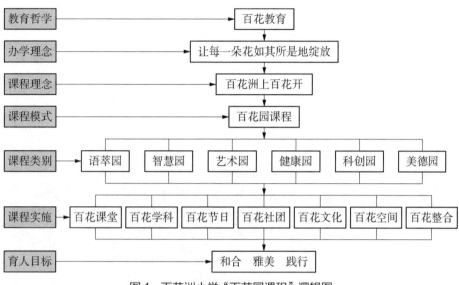

| 教育哲学 | ──────→ | 百花教育 |

| 办学理念 | ──────→ | 让每一朵花如其所是地绽放 |

| 课程理念 | ──────→ | 百花洲上百花开 |

| 课程模式 | ──────→ | 百花园课程 |

| 课程类别 | ──→ | 语萃园　智慧园　艺术园　健康园　科创园　美德园 |

| 课程实施 | | 百花课堂　百花学科　百花节日　百花社团　百花文化　百花空间　百花整合 |

| 育人目标 | ──────→ | 和合　雅美　践行 |

图 1　百花洲小学"百花园课程"逻辑图

根据多元智能理论,"百花园课程"包括"语萃园""智慧园""艺术园""健康园""科创园""美德园"六大课程。如图 2 所示,"百花园课程"是中心,围绕着它的是六大园地,意味着百花园课程是诞生在百花洲畔、独属于百花洲小学的一朵珍花。

学校将现有的 13 门国家课程,整合为六大园地,形成多彩的"百花园课程"。语萃园课程,关注的是语言与交流,整合的是国家课程中的语文与英语等。智慧园课程,关注的是逻辑与思维,现阶段指国家课程中的数学课程等。艺术园课程,关注的是艺术与审美,整合的是国家课程中的音乐与美术等。健康园课程,关注的是运动与健康,整合的是国家课程中的健康教育与体育等。科创园课程,关注的是科学与探索,整合的是国家课程中的信息技术与科学等。美德园课程,关注的是自我与社会,整合的是国家课程中的道德与法治、综合实践课程以及班会、少先队活动等。

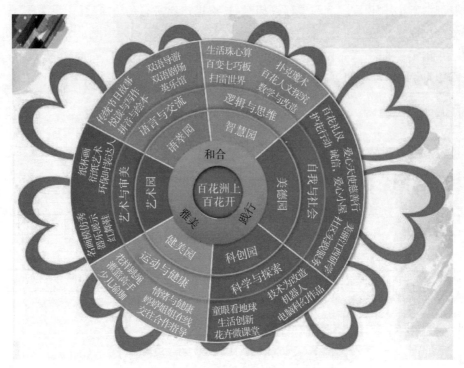

图2　百花洲小学"百花园课程"结构示意图

　　每一类课程都体现着三级课程的科学整合：国家课程占60%，地方课程30%，校本课程10%。这种课程整合并不是随意的、盲目的，而是根据学科自身的特点以及培养目标来定。比如，语文与英语这两门学科指向的都是语言文字的运用与表达，培养语言与交流能力，将两者划归于"语萃园"是比较科学的做法。这样的课程架构既兼顾义务教育阶段对学科教学的要求，又通过拓展性课程、探究性课程去激活每一个学生的潜能，培养综合素质的人才，实现百花教育。

　　学校结合校本特色，对三级课程进行细分，六个课程园的触角伸展到了基础性、拓展性、探究性课程。学生在六大园地中快乐地读书、写作、合唱、画画，去参加社团活动、学习百花礼仪，等等，于是"百花园"才有了"百花齐放春满园"般的绚丽。

　　除了国家规定的基础课程之外，"百小"的课程按年级设置如下。（见表2）

表 2　百花洲小学课程设置表

年级	课程	语萃园（语言与交流）	智慧园（逻辑与思维）	艺术园（艺术与审美）	健康园（运动与健康）	科创园（科学与探索）	美德园（自我与社会）
一年级	上学期	拼音王国探险 英文字母歌 ……	玩转数棒 珠心算 ……	唱儿歌 美术 画画乐 校园赏美 ……	跳皮筋 心理游戏 ……	花卉百科 认识电脑 ……	我是班级小主人 百花礼仪 交往合作 ……
一年级	下学期	汉字碰碰碰 英文儿歌 合唱 ……	百变七巧板 数学画 珠心算 ……	唱儿歌 美术 百变彩纸 街道风情 ……	踢毽子 心理游戏 ……	认识科学家 认识键盘 ……	百花礼仪 班队会 爱心接力 ……
二年级	上学期	韵文诵读 英文动画片 ……	四阶数独 数学绘本 口算达人 ……	红舞鞋 美术 捏泥 社区温暖色 ……	体育游戏 心理 沙盘游戏 ……	动物王国 与电脑交朋友 ……	我是家庭小助手 文明的仪表 真诚开启友谊门 ……
二年级	下学期	童诗诵读 英文动画 ……	乘法口诀大比拼 六阶数独 口算达人 ……	童谣达人 美术 糖果拼盘 社区温暖色 ……	体育游戏 心理 沙盘游戏 ……	科幻画 与电脑交朋友 ……	课堂与课间 班队会 爱心义卖 ……
三年级	上学期	语言表演 英语 英文歌谣 ……	九阶数独 数学日记 五子棋 ……	童谣达人 美术 纸杯画 家乡三色图 ……	接力赛手 心理 情绪与健康 ……	我的"宝宝" 科学小实验 信息 电脑打字 ……	我是百花好少年 百花礼仪 用餐与出游 取长补短 开怀笑 ……
三年级	下学期	日记之旅 英语 口语天天练 ……	九阶数独 数学实验 五子棋 ……	合唱艺术 美术 立体花 家乡三色图 ……	乒乓争霸 心理 健康与饮食 ……	生活与科学 建筑模型 信息 电脑绘画 ……	礼仪之花 开满园 班队会 爱心天使 神奇宝盒 缓压力 ……

续　表

年级	课程	语萃园(语言与交流)	智慧园(逻辑与思维)	艺术园(艺术与审美)	健康园(运动与健康)	科创园(科学与探索)	美德园(自我与社会)
四年级	上学期	百花剧社 英语 口语天天练 ……	扑克牌24点 魔方3阶 中国象棋 ……	小合唱 美术 少儿国画 家乡三色图	花样跳绳 心理 情绪与健康 ……	科学小制作 信息 网络安全 ……	班队会 我是小小升旗手 百花人文探究 交往合作 ……
	下学期	创意读写 英语 口语天天练 ……	魔方4阶 扑克牌24点 中国象棋 ……	竖笛艺术 美术 创意画 家乡三色图	田径 心理 心理游戏 ……	科技创新 头奥社 信息 电子简报	班队会 爱心在线 百花人文探究 交往合作 ……
五年级	上学期	百花剧社 小小辩论家 英语 英文日记 ……	头脑风暴(一) 魔方变形 围棋	舞蹈艺术 美术 时装秀 家乡三色图	花样跳绳 心理 心理团辅 ……	车模 信息 电子板报 ……	班队会 我是管理小能手 百花人文探究 ……
	下学期	小小辩论家 创意读写 英语 英文趣配音	头脑风暴(二) 数学步道(一) 围棋 ……	音乐剧欣赏 美术 名画欣赏秀 纸盘画 家乡三色图	往返接力 田径 心理 青春期教育	科学小实验 信息 模块化编程 ……	百花人文探究 社区实践 交往合作 ……
六年级	上学期	百花剧社 能言善辩 英语 课本剧 ……	数学步道(二) 数学魔术(一) 国际象棋 ……	舞蹈 美术 衍纸手工 家乡三色图	健康饮食 花样跳绳	科幻天地 信息 机器人 ……	爱的教育 百花人文探究 交往合作 ……
	下学期	能言善辩 美文欣赏 英语 角色扮演 ……	数学小论文 数学魔术(二) 国际象棋 ……	中外名剧欣赏 美术 手绘创意 家乡三色图	心理团辅 灌篮高手	魔法实验室 信息 动画制作	我是社区好公民 百花人文探究 研学活动 交往合作 ……

四、 学校课程实施： 静待花开的美丽

学校"把儿童放在课程的中央"，既关注了所有孩子的共同学习需求，也关注了一部分孩子的团体学习需求，同时不忘特定孩子的个别化学习需求。为此，学校通过"百花课堂""百花学科""百花节日""百花社团""百花文化""百花空间""百花整合"等丰富多样的课程，践行"办百花教育，成多彩人生"办学宗旨，享受静待花开的快乐，见证每一朵花如其所是地绽放。

与课程实施同行的是课程评价，这是引领"百花园课程"开发的指南，是把握六大类课程设计的风向标，是展示课程实施效果的试剂。学校课程实施与评价保障了"百花园课程"的"百花绽放"。

（一）建构"百花课堂"，落实学科基础课程

在原有的课堂文化基础上，学校进行了课堂教学文化的重新调整，聚焦核心素养，体现出教学理念的解放，教学目标的饱满，教学内容的丰富，教学方法的互动，教学评价的激励。

"一枝独放不是春，百花齐放春满园。"这里，重视的是教与学的多样性，是师生间思维的大碰撞；注重培养学生的多向思维，鼓励学生发出自己的声音，让学习过程、思考过程看得见；鼓励从"错误"中开出"智慧的火花"。它包含着以下五个关键词。

1. 解放。"百花课堂"是理念解放的课堂。解放儿童的头脑，释放儿童天性；解放儿童的双手，培养其动手能力；解放儿童的时空，将更多学习的主动权交给学生，以形成百花齐放、各美其美的教学境界。

2. 饱满。"百花课堂"是教学目标饱满的课堂。"百花"，各有所长、各门学科各负其责，共同培养多样化的人才。在具体的教学中，作为国家课程的基础学科，帮助学生掌握最基础的知识，为继续学习打下坚实的基础，同时培养学生的学习能力、审美鉴赏能力。

3. 丰富。"百花课堂"是教学内容丰富的课堂。"百花"的兼容并蓄、大气开放使它拥有包容多学科的潜质。这里，鼓励教师多角度解读教材、二度开发教材，对

不同的学科进行整合,组成丰富的教学内容,为培养未来高素质的人才提供支持。

4. 互动。"百花课堂"是教学方法互动的课堂。学习过程中的生生互动、师生互动,使教学过程成为师生共同开发、探讨、丰富课程的过程。在互动中,学生真正成为学习的主体,同时发挥自己的个性和创造能力,并最大限度地提升相应的核心素养。

5. 激励。"百花课堂"是注重激励式教学评价的课堂。"春风化雨百花开",激励,就是促百花开的春风、春雨。教师善用激励性评价激发学生的学习热情,增强学生学习的动力,鼓励他们以饱满的激情投入到课堂学习中去,让学生得到自主发展。

根据"百花课堂"的内涵,我校注重科学的教学评价,并就"百花课堂"制定以下评价标准。(见表3)

表3　百花洲小学"百花课堂"教学评价表

评价主体	评 价 标 准	评分
解放的教学理念(5分)	1. 符合新课标的理念,注重培养学生的核心素养。(2分)	
	2. 有开放的教师观和学生观,一切以学生的发展为本,将更多学习的主动权交给学生。(2分)	
	3. 面向全体,张扬个性,使每个学生都能得到相应的发展。(1分)	
饱满的教学目标(10分)	1. 教学目标的确定符合年级特点,以及学生的认知基础,将教学与学生的经验世界相勾连,激活思维。(3分)	
	2. 目标涵盖三个维度,帮助学生在原有基础上得到发展。(2分)	
	3. 各门学科各有所长、各负其责,共同培养多样化的人才。(3分)	
	4. 能根据教学目标的需要,对"百花课堂"进行重组、整合。(2分)	
丰富的教学内容(30分)	1. 正确把握教材,并能创造性地使用教材,根据教学需要来开发课程资源,丰富教学内容。(10分)	
	2. 教学内容有层次,有梯度,在把握基础性知识的基础上注意适度拓展,使不同程度的学生各有发展。(10分)	
	3. 根据学生的学习基础、符合学生的发展水平,唤起学生的发展经验,使学生主动参与学习。(10分)	

续　表

评价主体	评 价 标 准	评分
互动的教学过程 (40分)	1. 根据教学内容来创设恰当的教学情境,教学活动设计科学、组织形式灵活多样,能引导学生主动进行积极的思考。(5分)	
	2. 设计统整性的问题、练习有价值、有弹性,鼓励学生质疑、创新。(10分)	
	3. 突出学科思维方法,注重探究,恰当、合理地组织有效的合作学习和互动交流,促进学生的自主学习。(10分)	
	4. 教师能根据课堂教学情况与课堂生成,恰当地进行调整教学预设,以便适应变化、互动的课堂。(10分)	
	5. 在和谐、平等的师生对话的基础上,根据学生的个性发展,促成对话丰富、多维。(5分)	
激励的教学评价 (5分)	1. 能用激励性的语言评价学生的课堂表现,及时、准确,富于个性化,能够包容、激励学生。(3分)	
	2. 评价方式多样,从尽可能多的角度来满足学生在认知、情感、个性方面的差异。(2分)	
教学的效果 (10分)	1. 学生积极参与学习活动,课堂民主,思维活跃,不断有智慧火花的绽放。(2分)	
	2. 学生的主体性地位得到体现,乐于动脑、动口、动手,感受到学习的快乐。(3分)	
	3. 学生学会学习、得到发展,并能促进教学相长。(5分)	

（二）建设"百花学科"，落实学科拓展课程

近些年来,随着课程改革的进一步深化,特别是信息化时代的到来,对"多样化、个性化、创新型"复合型应用人才的需求更迫切,光靠国家课程、地方课程或者校本课程"线状"建设与实施,已经无法满足社会发展对教育的需求,必须实现三级课程的科学整合。因此,"百小"以"百花学科"来推进学科拓展课程的建设和实施。

"百花学科"拓展性课程,指教师根据国家基础课程,来自主开发的适合学生个性发展的课程。

"1+X"学科课程群建设。"1"指的是一门基础性课程,"X"是指教师根据国家课程开展的拓展性课程,是基于儿童发展需求的、指向核心素养的培养,是基础性课程的延伸。"百小"建设"1+X"学科课程群的途径是:根据学校各学科师资力量,倡导教师在国家课程校本化实施的基础上总结经验,以某门学科为原点,设计基于某门学科特色。

1. 建设"醉美语文"学科课程群。课堂,有着与美最近的距离。结合小学生语文核心素养的培养目标,借助"醉美语文"特色课程让学生领略到语言之美、思维之美。(见表4)

表4　"醉美语文"特色课程设置表

一年级	畅游拼音乐园	拼音王国探险	四年级	我爱课本剧社	故事汇
		字母乐园			课本剧社
		汉字碰碰碰			我编剧本
		字词迷宫			小小演说家
二年级	拥抱绘本娃娃	我读绘本	五年级	诗中季节	春诗组曲
		讲绘本故事			古诗里的夏
		绘本新编			中秋诗会
		我的第一本绘本			冬日情思
三年级	走进诗词国度	童诗诵读	六年级	创意写作	循环日记
		笠翁对韵			词语编故事
		小古文			写科幻片
		《诗经》吟诵			创意写作

2. 建设"生长数学"学科课程群。"生长数学"是数学课堂教学的愿景,让学生学到具有生长力的数学是"生长数学"教育的核心所在。"生长数学"要关注让学生从问题中生长思维、从探究中生长学力、从感悟中生长品格、从内化中生长素养。只有这样,数学教学才能聚焦核心素养,才能向践行创新思维的理想王国起航。

(见表5)

表5　"生长数学"特色课程设置表

一年级	数学游戏乐园	珠心算	四年级	我的数字，我作主	扑克牌24点
		玩转数棒			魔方3阶
		百变七巧板			我形我数
二年级	挑战计算能手	四阶数独	五年级	思考力训练营	魔方变形
		神机妙算			数学步道
		计算大本营			扑克魔术
三年级	玩转数学游戏	九阶数独	六年级	数学与运用	数学魔术
		趣味闯关			数学步道
		扫雷游戏			数独

　　3. 建设"悦动英语"学科课程群。基于"悦动英语"的学科理念，考虑到学生的兴趣及需求，我们在国家课程的基础上开发拓展性课程，组成"悦动英语"特色课程群。(见表6)

表6　"悦动英语"特色课程设置表

三年级	我爱ABC	英文儿歌	四年级	英文乐园	英文歌谣
		字母手指操			角色扮演
		彩绘ABC			单词大PK
五年级	英文口语秀	口语秀	六年级	外国文化节日	愚人节
		英文故事			万圣节
		英文趣配音			圣诞节

　　4. 建设"缤纷音乐"学科课程群。音乐，陶冶人的情操、培育人的审美情趣、使之懂得审美，知道美在哪，学会美、创造美，基于这一目标，组成"缤纷音乐"特色课程群。(见表7)

表7　"缤纷音乐"特色课程设置表

一年级	花之声：我爱儿歌	儿歌	四年级	花之乐：器乐演奏	竖笛艺术
		学唱校歌			快乐音响
		小小演唱会			器乐合奏
二年级	花之形：舞美雅韵	T台秀	五年级	花之歌：大地欢歌	歌曲联唱
		红舞鞋			歌伴舞
		童谣达人			音乐剧欣赏
三年级	花之灵：古韵悠悠	唱响古诗	六年级	花之灿：毕业之季	唱送别组曲
		合唱艺术			写毕业赠言
		《读唐诗》			巧手绘校园

5. 建设"灵性美术"学科课程群。与音乐一样，美术承担着培养学生对美的感受，用线条、色彩将"美"表现出来。"灵性美术"特色课程群的使命就是欣赏美、表现美、创造美。(见表8)

表8　"灵性美术"特色课程设置表

一年级	我爱美术	树叶画	四年级	趣味线描	线描画
		涂画乐			构图联想
		百变彩纸			趣味留言夹
二年级	灵感乐园	捏泥	五年级	创意线描	线描
		儿童科幻画			刊头设计
		糖果拼盘			儿童水墨画
三年级	百变画纸	纸杯画	六年级	创新美术	创意报刊展示
		剪纸			手绘创意
		花瓣拼图			衍纸手工

6. 建设"花样体育"学科课程群。"百小"的体育拥有自己的特色，在对国家课程拓展之后的"花样跳绳"与"体验游戏"这两门校本课程成熟，多样的活动内容解

决了活动场地小的困难,在此基础上对课程进行扩充,形成"花样体育"课程群。
(见表9)

表9　"花样体育"特色课程设置表

一年级	宝贝加油	跑步达人	四年级	活力赛跑	冲向50米
		投掷能手			挑战迎面接力
		无敌风火轮			往返接力
二年级	花样跳绳	车轮跳	五年级	田径为王	竞走我最快
		双摇			投掷我最准
		三角跳			挑战跳高
三年级	快乐体验	传统绕口令	六年级	球类家族	乒乓争霸
		合力吹气球			运球能手
		两人三足			灌篮高手

7. 建设"智探科学"学科课程群。提高公民的科学素养,是教育者的责任与使命。"百小"以培养学生的核心素养为目标,建立"智探科学"课程群。(见表10)

表10　"智探科学"特色课程设置表

一年级	我爱叶子	认识叶子	四年级	趣说天气	气候小常识
		八一公园采叶子			研究暖冬
		树叶是活的吗			空气知多少
二年级	科学启蒙	动物王国	五年级	炫彩科幻作品	想象画
		磁铁游戏			PPT画作
		测量校园			制作电子简报
三年级	生活与科学	我的"宝宝"	六年级	技术与创新	机器人
		画天气			头奥社
		食物里的学问			航模

　　课程群建设的有效实施,评价是保障。学校建立了完备的评估体系(见表11),主要包括五大维度:一是课程哲学内涵丰盈,学科课程哲学指向清晰,与学校教育哲学保持一致,体现学校的办学理念,并具有其学科特色,内涵丰盈;二是课程目标指向清晰,学科课程群目标指向应依据学科课程标准及学校育人目标,基于学校实际,应将目标定位高于学科课程标准;三是课程内容丰富多维,学科课程群除规定的国家课程之外,拓展类课程应丰富多彩,以学生需求为主,为学生的全面发展搭建平台;四是课程实施科学高效。课程实施方法得当、措施有力,充分体现学生的主体地位,有利于学生兴趣的激发。教师教学效率高,教学效果好;五是课程评价规范全面。课程评价做到多元、全面。结合过程性评价和终结性评价,发挥评价的诊断和激励功能,对学生学习情况进行整体评价。

表11　百花洲小学"1+ X"课程评价细化表

A级指标	B级指标	评估标准	评估方式	权重	得分
课程哲学	课程哲学	课程哲学与学校教育哲学相一致。	查看课程方案	10分	
	课程理念	课程理念彰显学科课程特色,特色鲜明。		10分	
课程目标	课程总目标	总目标指向清晰,高于学科课程标准,与核心素养相对应。	查看课程方案	10分	
	分年级目标	年级目标与学生年龄特点相符合,设定科学、可行,具有层次性。	查看课程方案、学科课程纲要	10分	
课程内容	整体设置	课程内容丰富,整体设置具有逻辑性,有梯度,有难度。与课程目标相一致,暗含课程目标,内容与学生生活实际相结合。	查看学科课程纲要	10分	
	教材资源	教材准备充分,适合学生学习,资源丰盈,形式多样。	查看学科教材	5分	

续　表

A级指标	B级指标	评估标准	评估方式	权重	得分
课程实施	课时安排	课时安排合理,有一定的科学性。	查看学科课程纲要	5分	
	课堂教学	课程实施方法得当,措施有力,充分体现学生的主体地位,有利于学生兴趣的激发。 组织有序,指导学生运用探究、合作等方法。	入班观课"百花学科"评价表评价	20分	
	教学效果	学生能在课程中知识技能明显提高,学生喜爱程度高。		10分	
课程评价	评价激励	评价内容具体,措施方法得当,权重明确。	入班观课查看学科课程纲要及学生学业评价档案	10分	

（三）创设"百花节日"，落实节庆文化课程

把"节日文化"作为课程资源,这是很多学校通行的做法。百小也有着本校独特的节庆文化课程,通过它们来为学生提供表现与展示自我的平台。百小的节日庆典方式多样,有的是结合传统节日而开展的,比如清明节的"网上祭英烈"活动;有的是根据现代节日而形成的课程,如国庆节"向国旗敬礼";还有的是校园节日,如"团队花色美——花样跳绳"体育节等等,这些特别的"节"都是学生们的所爱。

1. **传统节日课程。**开展以传统节日为主题的活动,目的是让学生大力弘扬中华民族优秀传统文化,增强学生对民族传统节日的喜爱,激发他们对传统文化的热爱与认同。(见表12)

表12　百花洲小学传统节日课程实施一览表

时间	百花节日	主题	活动
清明节	杜鹃花节	鲜花祭英烈	主题队会、献花留言、小报制作评比
端午节	栀子花节	栀子香飘端午	包粽子,制作端午小报,毕业季活动

续　表

时间	百花节日	主题	活动
中秋节	桂花节	桂花里的圆月	写中秋小诗、桂花赏诗会
重阳节	菊花节	重阳敬老活动	吟诵古诗,我为重阳留个言、登高到社区参加时间银行慰老服务
春节	茶花节	年味大观园	写对联、贴年画、制作春节元宵小报

2. 现代节日课程。百小通过现代节日课程,开展爱国主义教育以及进行多样文化的熏陶,激发学生热爱生活、热爱学习、热爱校园的情感,为他们搭建展示自我的平台。(见表 13)

表 13　百花洲小学现代节日课程实施一览表

时间	节日	主题	活动
六月	儿童节	咱要过六一	1. 入队仪式 2. 节目展示
十月	国庆节	"向国旗敬礼"	1. 学唱国歌 2. 争当升旗手
十二月	元旦	同伴巧手迎新年	1. 手工制作 2. 剪贴窗花 3. 致辞新年

3. 校园节日课程。百小校园里各具特色的节日,特具仪式感与教育性,它已经成为学生们感受校园文化、陶冶情操、进行自我展示的一个特殊载体。(见表 14)

表 14　百花洲小学校园节日课程实施一览表

时间	节日	主题	活动
四月	百小读书节	最是书香能致远	开展一系列读书及书香家庭的评选活动
五月	百小音乐节	感受音乐之美	开展校园合唱、器乐及小歌手争霸赛等系列活动

续　表

时间	节日	主题	活动
十月	百小体育节	体育 2 加 1	开展花样跳绳、广播操评比等系列体育赛事
十一月	百小文字节	感受文字之美	听写大赛、硬笔书法赛
十二月	百小戏剧节	走进课本剧	课本剧、舞台剧展演

百小根据"百花节日"的内涵,以评优、表彰先进为契机,设计了"百花节日"评价表。(见表 15)

表 15　百花洲小学"百花节日"评价表

评价指标	评 价 内 容	权重分	得分
活动方案	1. 主题鲜明、寓意深远,具有时代性、教育性、针对性。 2. 内容贴近学生生活实际,紧扣时代脉博,指向学生的核心素养培养。 3. 活动设计有特色、接地气、有创意,凸显出节日的特点。	30 分	
活动实施	1. 活动有方案,有评价,有成果展示。 2. 按照"近、亲、实"的原则选择活动,活动内容设计综合考虑节日特色以及学生的实际情况,充分满足学生个性发展需求。 3. 采取多种形式呈现活动内容,具有开放性和拓展性,不断地给学生以新鲜感,促进思维发展。 4. 师生互动,有情趣;学生参与面广,懂得与他人的合作,互帮互助,在体验中感受节日氛围,培养实践能力与合作精神。	40 分	
活动效果	1. 活动目标明确,有明确的导向性和时代特点。 2. 活动形式新颖、别致、多样、开放互动,给予了学生充分展示自我的平台。 3. 通过节日课程对学生进行传统教育、自我教育,学生在活动中有所得。 4. 学生情感态度、价值观得到了提升。	30 分	

（四）建设"百花社团"，落实兴趣爱好课程

"百花社团"，因"百花教育"而来，它是课堂教学的延展和深化，可以不分年级，由兴趣爱好相近的同学组成，旨在通过丰富多彩的社团活动挖掘学生特长、关注兴趣爱好、培养公民意识，为学生发展提供更广阔的时间与空间。

百花洲小学的社团活动，结合学生特色、根据学科特点，将社团活动的时间安排在课堂教学之外。此外，充分利用家长及社区资源，为学生提供实践机会，将社团活动立体化、生活化。（见表 16）

表16　百花洲小学"百花社团"设置一览表

课程类别	社团名称	社团课程目标
语萃园课程	诗文诵读社	在社团里，通过古诗文诵读、英文儿歌、表演等活动，培养学生对语言的敏感，激发他们对语言表达的热爱。
	英语小广角	
智慧园课程	创新思维场	通过数学游戏、珠心算、棋类等活动来培养学生的数、形观念，培养他们的数学力以及创新思维能力。
艺术园课程	花之韵合唱社团	在艺术类社团课程群中，通过合唱队、民乐演奏、舞蹈、书法，剪纸等多种活动来培养学生的审美能力、艺术鉴赏力，传承祖国优秀的传统文化。通过这些传递美、表现美的活动，来陶冶情操，培养良好的艺术素养。
	花之灵民乐社团	
	花之秀美术社团	
	花之香书法社团	
	花翩跹舞蹈社团	
健康园课程	活力健身园社团	在健康园社团课程群中，通过开展田径、花样跳绳、篮球、乒乓球，以及心理游戏、心理团辅等社团活动，培养学生健康的身心，增强身体素质、拥有健康的心态。
	阳光心疗社团	
科创园课程	科学实验室社团	在科创社团课程群中，通过头奥、3D打印、科学实验、航模、制作电子简报等活动来培养学生的动手能力，提高他们的科学素养以及信息处理能力。
	信息大舞台社团	
美德园课程	红领巾在行动	通过组织学生走出校园，参加重阳节敬老、端午节为老人包粽子、春节为老人写对联，设计制作社区花圃小插牌等社会系列活动，培养学生关心他人和社会的责任意识、安全意识等。
	家园的新伙伴	

　　"百花社团"的实施,不但巩固、拓展课堂所学内容,而且使所学的知识得到有效的运用和创新,大力培养学生的创新精神、实践能力,全面提升学生的综合素养和学校的办学活力。

　　"百花社团"的评价目的和方法等方面具有全面性、系统性,按照动态生成、真实情境、多元评价、尊重差异、注重过程、关联结果的基本取向开展评价工作。(见表17)

表17　百花洲小学"百花社团"评价表

评估内容	评 估 标 准	评估方式	得分	
			自评	督评
课程方案(30分)	社团有规范、健全的组织机构,有活动场所。社团指导教师能够指导学生社团建设。(15分)	访谈学生、查阅资料		
	有社团章程和管理制度,有计划有总结。工作计划任务明确、重点突出、措施得力。工作总结全面具体。(15分)	访谈学生、查阅资料		
课程实施(40分)	社团活动常态化、规范化,做到前有计划,后有总结。每学期活动不少于15个课时,过程性资料详实。(20分)	查阅资料,访谈学生		
	社团每学年至少进行1次校内交流展示。(20分)	查阅资料		
课程评价(30分)	有固定的招收团员办法,根据社团现状,适时招收团员。社团规模建制不少于(10人)每学年至少对团员进行一次评定。(5分)	访谈学生、查阅资料		
	积极参加本社团组织的各项活动,并积极参加各级比赛,取得荣誉表彰。(15分)	访谈学生、查阅资料		

(五)　做活"百花文化",落实校园环境课程

　　"百花文化",从空间文化、活动文化等不同的维度来落实校园环境课程,通过

不同的文化形式,使教育走向多元化、生活化,课程因文化有了厚度,文化因课程有了载体。

1. "百花文化"的内容。"百花文化"是百小校园环境的组成部分,包括空间文化及活动文化,旨在通过校园环境的营造发挥育人作用。(见表18)

表18　百花洲小学"百花文化"项目与内容对照表

百花文化课程	内　　　容
空间文化	廊道文化:廊道空间有功能
	教室文化:班级文化有特色
	广场文化:学校比赛有展示
活动文化	值周生自主管理
	社团及节日活动的开展
	爱心天使慈善行
	百花礼仪

2. "百花文化"课程的评价主要包括四大类别。第一,班级文化评比,包括廊道、广场文化创意征集等;第二,"值周生自主管理"的评价,主要是根据值周生的表现来评定,大队委将定期或不定期地对值周工作进行检查,评选5名优秀值周生,对于优秀值周生的事迹,在周一集会上进行宣传,或通过广播进行表扬,在校门口宣传栏进行展出;第三,"爱心天使慈善行"的评价,重在"爱心",将评选"爱心小天使",并在六一儿童节或元旦进行表彰。第四,"百花礼仪之星"评选,计学生变得更文明、优雅。

(六)聚焦"百花整合",落实专题教育课程

根据多元智能理论,百花洲小学将聚焦"百花整合":落实三级课程的科学整合,加强课内与课外的整合,学科活动与实践活动的整合。比如,春秋游研学,三原色整合,专项整合活动等。

1. 学科整合,分为学科内整合与学科间整合两种情况。它不是简单地将学科

课程进行重合并重新安排,而是挖掘不同学科的共通之处,以统一的主题整合不同学科的内容,让学生体验不同学科知识间的内在联系,还原他们完整的经验世界。在跨学科的课程整合中,找准不同学科的契合点是关键。这不仅需要教师深入挖掘教材不同学科的内在逻辑关系,还需要不同学科教师的沟通与协作。基于这一理念,百小结合本校的办学特色,对现有的 13 门国家课程进行整合。这样的学科整合既兼顾了义务教育阶段对学科教学的要求,又通过拓展性课程、探究性课程去激活每一个学生的潜能。(见表 19)

表 19　百花洲小学"百花整合"课程设置表
(金色十月自选课程)

学科 \ 学段	语文+ 英语	数学+	音乐+ 美术	体育+ 健康	科学+ 信息	思品+ 综合+
第一学段	语言表演	中国象棋 趣味魔方 五子棋	手工制作 手指画 折纸飞机	花样跳绳	趣味闯关	百花礼仪 整理收纳 心理游戏
第二学段	百花文学社 日记之旅 英语课本剧	数独 数学魔术	纸杯画 少儿国画 舞蹈	花样跳绳 羽毛球	科技小实验 PPT 制作	百花礼仪
第三学段	阅读交流 英语小导游 中外名剧欣赏	数学游戏 扫雷世界	音乐剧欣赏 纸杯纸盘画 衍纸手工	杯子舞 花样跳绳 篮球	航模	百花礼仪

"百小"初步将每年的五月、十月定为"百花园课程月",分三个学段来实施。上午是国家课程,下午自主选课、走班上课,利用现有的课程与师资来实现拓展。每个学段 12 门拓展性、个性化课程,执教除了本校教师、外聘教师,还将邀请家长参与。

2. 主题整合,以"主题"为核心,对课程资源进行主题整合。在主题整合的实践中,学校举全校之力,形成本校独特的课程体系,即在原有的国家课程的基础上,自主开发了"百花人文""百花礼仪""情绪与健康""体验游戏""花样跳绳""交往指导手册""婷婷姐姐 100 问"等主题式拓展性课程,这些课程有规定的内容,要求在一定的课时内完成,重在培养学生健全的人格和礼仪、学会感恩和团队合作精神。

(1)"百花人文"特色课程。百小教师结合学校办学特色以及得天独厚的地理优势,开发以"百花人文"为主题的综合实践课程。(见表20)

表20　"百花人文"特色课程安排表

单元	活动时间	活动主题	活动内容	课时数
单元一	9月—11月上旬	寻踪百花洲	召开"百花洲的历史"发布会	4
单元二	11月中旬—1月上旬	走近百花洲	开展以"印象百花洲"为主题的图片展,或PPT展示	4
单元三	3月—4月	保护百花洲	开展"保护百花洲"主题活动	6
单元四	5月—6月	畅想百花洲	文字或图画表现自己心目中未来百花洲的样子	4

开展"寻踪百花洲"综合实践活动,学生们进一步认识家乡,了解家乡的历史、文化,初步具有发现问题和解决问题的能力,有了搜集信息和处理信息的能力,有了与人沟通、合作的意识,还培养了热爱传统文化,热爱家乡,热爱祖国的思想感情。

(2)"百花礼仪"特色课程。讲礼重仪是中华民族世代相传的优秀传统。因此,让学生成为知书达礼的"谦谦君子"是开发"百花礼仪"这门特色课程的初衷。"百花文明交往礼仪手册"介绍了9个有关校园礼仪的知识,意在让学生知礼、明礼、执礼、悟礼,积累成长正能量,成为合格的学生、文明南昌人、中国好公民。(见表21)

表21　"百花礼仪"特色课程安排表

课时	内容	课时	内容
第一课	文明的仪表	第二课	文明的交谈
第三课	文明的交往	第四课	文明的行走
第五课	文明的集会	第六课	文明的课堂
第七课	文明的课间	第八课	文明的用餐
第九课	文明的出游		

(3)"情绪与健康"特色课程。情绪会影响人的认知、创造力、人际关系、健康,它还对形成记忆有很大影响。但是,学生的情绪却很容易被忽略,再加上学生课业负担沉重、学习压力增大,学生在成长的过程中暴露出厌学、焦虑、人际关系紧张等心理问题。基于此,"百小"校开发了"情绪与健康"特色课程。(见表22,表23)

表22　"情绪与健康"特色课程安排表一

年级	情绪教育	教 学 内 容
三年级	别害羞	认识害羞情绪,学会克服
	生气了	了解生气情形,缓解情绪
	我好紧张	认识紧张反应,学会缓解
	我被冤枉了	被冤枉的感受,学会处理
四年级	我不是胆小鬼	了解害怕什么,直面害怕
	我不孤单	感到孤单情绪,学会应对
	你是我的朋友	闹矛盾是什么,如何化解
	我好担心	了解担心感受,消除担心
五年级	烦恼 byebye	认识难过心情,面对与处理
	心花朵朵开	认识开心情绪,善用好心情
	和爸爸妈妈吵	了解伤心情绪,学会缓解
	我想念奶奶	进行死亡教育,正确面对
六年级	我好得意	探索自己价值,自我鼓励
	勇敢挑战吧	战胜嫉妒心理,调适情绪
	应对家庭风波	调整自己看法,和谐相处
	让父母更理解我	表达自身感受,学会沟通

表23　"情绪与健康"特色课程安排表二

版块	健康教育	活动内容	健康教育	活动内容
体验运动	认识自我	我是独一无二的	自信成功	搭座心桥
		说说心里话等		自信要诀
		"和尚"抬水		别说不可能
		分享快乐		成功秘诀
	感恩他人	不做小拖拉	室外游戏	记忆考验
		用好零花钱		信任进步行
		独立当家		两人三足
		心怀感恩		无敌风火轮
健康饮食	肉吃多了容易冲动			
	糖吃多了容易发怒			
	生气时泡玫瑰花茶、吃山楂			
	养心安神多吃莲藕			
	缺锌的人容易抑郁、情绪不稳定			
	蔬菜中的钾有助于镇静神经、安定情绪			

　　(4)"体验游戏"特色课程。传统游戏,也叫民间游戏,它集民间智慧于一体,形式多样、内容丰富。"百花交往合作体验游戏"介绍了16个适合于学生课间玩耍的趣味游戏,既满足了学生好动、好奇、好玩的天性,又通过"玩"使其体验与人交往合作的经验技能,从而学会交往、学会合作,逐步养成良好的团队精神和互帮互助品行。(见表24)

表24　百花洲小学"体验游戏"特色课程

课时	内容	课时	内容
游戏一	快乐的小棒	游戏四	石头剪刀布
游戏二	传统绕口令	游戏五	赶"猪"过河
游戏三	划正字	游戏六	加油吹羽毛

续　表

课时	内容	课时	内容
游戏七	合力吹气球	游戏十二	飞碟
游戏八	多多益善	游戏十三	跳跃"大风车"
游戏九	"车轮"转转转	游戏十四	占领阵地
游戏十	合作建塔	游戏十五	两人三足
游戏十一	背对背坐地起身	游戏十六	爱的传递

(5)"花样跳绳"特色课程。"百小"学生活动场地较小,限制了体育活动的开展。为落实"阳光体育运动"以及"体育艺术2+1"项目,选择跳绳来作为体育活动的主打项目,开发了"团队花色美—花样跳绳"特色项目,并分年级、分层次来让校本课程落地,让学生在花样跳绳运动中学会交往合作,体验与伙伴共娱乐、共运动、共学习的历程。(见表25)

表25　百花洲小学"花样跳绳"课程设置表

课时	内容	课时	内容
一年级	合作跳绳:你跳我数 我搭你,你搭我	四年级	车轮跳、双摇、跳大绳
二年级	合作跳绳:你我齐步跳	五年级	多花样车轮跳、彩虹跳、双摇
三年级	初级车轮跳、双摇	六年级	多花样车轮跳、彩虹跳、双摇、三角跳

(6)"交往合作指导"特色课程。进行有效交往是需要学习与实践的,"交往合作指导"就是教授与同伴交往的知识与技巧,指导学生在学习和生活中如何营造和谐的人际氛围,让他们在交往合作中游刃有余,成为"交往合作小能手"。(见表26)

表 26　百花洲小学"交往合作指导"课程设置表

课时（1—2）	内容	课时（1—2）	内容
第一章	"主动"开启友谊门	第六章	化"敌"为友乐融融
第二章	"真诚"美好友谊石	第七章	"求同存异"好相处
第三章	"尊重"有道真情浓	第八章	"平等待人"少偏见
第四章	学会"分享"收获多	第九章	挑战"冷落"方法多
第五章	"取长补短"开怀笑	第十章	平衡"异性"有灵招

（7）"心理健康"特色课程。学校以"情绪与健康""交往指导手册""婷婷姐姐在线 100 问"为蓝本，编写了《心理健康》校本教材，并在三至六年级各班开设，每周一节。课程实施后，学生变得更加开朗、活泼、自信、乐观，能自主、及时、有效地调整自己的情绪和心理状态，精神面貌焕然一新。

（8）研学课程。包括春秋游研学，毕业课程。结合春、秋不同季节，走进大自然，让学生去感受自然之美、进行探究性学习。根据毕业学生的特点，每个毕业季，设置以"感恩母校、体验成长"等不同主题的毕业研学课程，让学生在活动中学会感恩、懂得合作。

（9）三色课程。包括红色（讲革命故事），绿色（环保我先行），古色（古诗词之旅），在三色课程中对学生进行爱国主义、传统文化教育，使他们真正懂得环保的重要性，并能身体力行。

"百花整合"是否科学有效，必须有评价机制做保障。评价时，首先得明确评价的对象，它包括了参与课程实施的教师、学生、学校，还包括课程活动的结果，即学生和教师的发展。百小在进行评价时，注意做好以下几点：一是运用观察、访谈法，评价学生在学习过程中的表现、整合课程的学习质量和水平，课下也可以对学生进行访谈，或向学生、家长发放问卷调查，增加对学生学习质量的了解，并根据本人或他人的回答来评价课程；二是坚持评价内容、标准、方式的多元化，重视学校、教师、学生自我评价，还可以邀请专家及其他人员参与到评价中来，以增强评价的科学性、实效性。三是进行过程评价。过程评价具有开放、激励的功效，贯穿于教学的始终,用它来纠正、引导学生的学习,激发学生学习的动力。四是通过评价了解、把握真实的反馈信息,比较、分析课程是否能够真正促进学生学习,与学生的心理逻辑是否吻合,课程结构是否突破了学科限制,真正指向学生发展;判定课程设计与实施效果,及时做出决策改进课程整合工作。

　　总之,百花园课程聚焦学生的全面发展和灵性生长,坚持"把儿童放在课程的中央",用"立体、丰满、连结"的巢状课程图谱,引导学生以文化之眼、生活之眼、行者之眼去学习知识、认识世界、生长智慧、陶冶心灵,彰显百花园课程丰富的文化表情。如今,百花洲畔春风拂面,百花园里暖意洋洋,相信不久的将来,百小学子在百花园课程的温润下,必将如鲜花一般如其所是地绽放。

第一章

融于场景
让儿童陶醉在美好里

教育总发生在一定的场景中。融于场景的学习是真实的，儿童心智被真实打开，被激活、唤醒、鼓舞和点燃。融于场景的学习是灵动的，知识与经验、方法与思维的链接在碰撞中生成。融于场景的学习是有温度的，每一个儿童都渴望色彩斑斓的世界，完整、鲜活的场景是儿童学习的时空，更是儿童心灵的归宿，他们在这里萌芽、生长、沉醉，绽放出美好的姿态。

语文的外延和生活的外延相等。要让儿童的语文学习真正发生,就应该让儿童回到生活中去。学习场景在儿童与生活之间起着重要的桥梁作用。它是一个综合概念,包括学习环境、学习空间、学习资源、学习内容、学习过程,也包括评价方法和学习者自身学习习惯等。百花洲小学将语文学习融于场景之中,让儿童陶醉在语文的美好里。第一,打造"醉美课堂",从儿童立场出发,还原语文本真,通过构建开放、饱满、丰富、生动、温暖的语文课堂,让课程落地生根,让语文要素在课堂里看得见、找得着、学得会、用得通,儿童语文学习习惯和学习能力不断形成,于是,课堂学习成为儿童的一种语文生活。第二,创设"醉美环境",将语文融入场景布置和情境创设之中,无论是教室、校园空间的布置,还是传统节日、各类活动场景的创设,都指向儿童语文学习的"醉美环境",儿童沉浸在语文里,心智真实打开,自我认知和外界信息交融,语文学习的智慧不断被激活、唤醒、鼓舞和点燃,环境成为儿童语文学习的栖息地。第三,推行"醉美实践",实践是语文课程的显著特征,它既是语言学习的方式,更是语文联通世界的手段。如"我们爱学校""寻踪百花洲"等系列项目化学习,打破时空界限,拓宽学习方式,将鲜活的场景融入多维的实践体验。就这样,儿童在色彩斑斓的语文世界里学习、浸润、沉醉,身心不断发育、生长,进而绽放出美好的姿态。

➡ 醉美语文
让儿童享受语文的美

南昌市百花洲小学语文组现有教师 23 人,其中中小学高级教师 3 人,中小学一级教师 14 人;江西省特级教师 1 人,江西省学科带头人 2 人,江西省骨干教师 3 人,市学科带头人 1 人。南昌市百花洲小学语文组秉承"享受醉美语文"的课程理念,充分发挥团队合作的优势,组织开展听课、评课、磨课等教研活动,积极参与各级各类教育教学活动;遵循小学语文教学的规律,让每名孩子在享受醉美语文的过程中受益。为了更好地落实教育部《关于全面深化课程改革落实立德树人根本任务的意见》和《义务教育语文课程标准(2011年版)》，我们推进"醉美语文"学科课程群建设，取得可喜的成效。

第一节　语文是一个色彩斑斓的世界

一、学科性质观

当前，随着信息技术和科学技术的迅猛发展，新的交流媒介交替出现，给社会语言生活带来巨大变化，对公民的语言文字运用能力和文化选择能力提出了更高的要求。《义务教育语文课程标准(2011年版)》(以下简称语文课程标准)明确了语文课程是一门学习语言文字运用的综合性、实践性课程。工具性与人文性是语文课程的基本特点。语文课程标准同时还指出：语文课程是学生学习运用祖国语言文字的课程，学习资源和实践机会无处不在，无时不有。

二、学科课程理念

"醉美语文"以国家义务教育语文课程标准为指导，结合社会发展需求，立足学生成长需要，努力建设开放而有活力的课程，在坚守语文工具性和人文性两个基本特点的基础上，突出语文课程学习环境、学习空间、学习资源的丰富性，强化语文学习方式、学习过程、学习内容、评价方法的多样性和适切性，以实现"语文是一个色彩斑斓的世界""色彩斑斓的世界即语文课程"的本校课程特征。

1. "醉美语文"课程突出"以语为本"。通过丰富的综合性和实践性活动，培养学生对语言文字正确理解与表达运用的能力，增加学生对祖国语言文字敏感、喜欢的情感。

2. "醉美语文"课程注重"以醉为先"。建立"色彩斑斓的世界即语文课程"的大语文观念，创设和运用各种生活情境和学习场域，借助教材、图书、互联网、社会实践等多种学习资源，吸引学生愿意并沉醉于语文学习之中，自发地接受古今中外优秀文化的熏陶感染，促进自身思想文化提升。

3. "醉美语文"课程强化"以美为要"。一是学习方式、学习过程和评价方法体现师生合作共进之美。教师尊重学生不同学习背景,引导、温暖、激励学生主动发现美的语言、美的形象、美的意境、美的结构,学习欣赏、运用美的语言文字。二是育人目标体现向上向善之美。"醉美语文"充分利用民族的优秀作品来培养学生的美好情感品质,帮助他们树立正确的世界观、人生观、价值观,为学生形成良好个性和健全人格打下坚实的基础。

第二节　经由语言把儿童的心智激活

语文课程标准指出:语文课程应激发和培育学生热爱祖国文字的思想感情,引导学生丰富语言积累,培养语感,发展思维,初步掌握学习语文的基本方法,养成良好的学习习惯,适应实际生活需要。还应通过优秀文化的熏陶感染,促进学生和谐发展,使他们提高思想道德修养和审美情趣,逐步形成良好的个性和健全的人格。

从"全面提高学生的语文素养"这一基本理念出发,依据"语言的建构与运用""思维的发展与提升""审美的鉴赏与创造""文化的传承与理解"语文素养核心要素,我校语文课程目标体系分为:显性课程目标和隐性课程目标。语文课程显性课程目标分为五部分,包括:"识字与写字""阅读""写作""口语交际""综合性学习"。语文课程的隐性课程目标则主要是包括四方面:"人文素养""思维品质""审美情趣""道德情操"。

一、学科课程总体目标

依据语文课程标准的要求,并结合我校语文学科课程理念,确立"醉美语文"语文学科总体目标如下。

1. 识字与写字(包括汉语拼音)。识字、写字是阅读和写作的基础,是第一学段的教学重点,也是贯串整个义务教育阶段的重要教学内容,低年级阶段学生"会认"与"会写"的字量要求有所不同,小学阶段,整体要求学生累计认识常用汉字

3 000 个左右，其中 2 500 个会写。低段侧重要求学生掌握汉学的基本笔画和常用的偏旁部首，能按笔顺规则用硬笔写字，注意间架结构，初步感受汉字的形体美。中高段侧重培养学习汉字的兴趣、独立识字写字的能力以及写字的正确姿势、良好的书写习惯。识字教学要注意儿童的心理特点，将学生熟识的语言因素作为主要材料，结合学生的生活经验，引导他们利用各种机会主动识字，力求识用结合。运用多种识字教学方法和形象直观的教学于段，创设丰富多彩的教学情境，提高识字教学效率。

语文课程标准要求学生学会汉语拼音，能说普通话。具体到低年级阶段学生而言，要求学生能够读准声母、韵母、声调和整体认读音节，能准确地拼读音节，熟记《汉语拼音字母表》。汉语拼音的教学要尽可能有趣味，宜多采用活动和游戏的形式，应与学说普通话、识字教学相结合，注意汉语拼音在现实语言生活中的运用。

2. 阅读。阅读是运用语言文字获取信息、认识世界、发展思维、获得审美体验的重要途径。阅读教学是学生、教师、教科书编者、文本之间对话的过程。阅读是学生的个性化行为。学生要具有独立阅读的能力，学会运用多种阅读方法，有较为丰富的积累和良好的语感，注重情感体验，发展感受和理解的能力。能阅读日常的书报杂志，能初步鉴赏文学作品，丰富自己的精神世界。小学阶段要求背诵优秀诗文 160 篇（段），课外阅读总量不少于 145 万字。

各个学段的阅读教学都要重视朗读和默读。阅读教学应该注重培养学生感受、理解、欣赏和评价的能力。这种综合能力的培养，各学段可以有所侧重。

低段阅设侧重让孩子喜欢阅读，感受阅读的乐趣，学习默读。能结合上下文和生活实际了解课文中词句的意思，在阅读中积累词语。能阅读浅近的童话、寓言、故事，向往美好的情境，关心自然和生命，对感兴趣的人物和事件有自己的感受和想法，并乐于与人交流。诵读儿歌，儿童诗和浅近的古诗，展开想象，获得初步的情感体验，感受语言的优美。

中段要求孩子学会默读，做到不出声，不指读。学习略读，粗知文章大意，能初步把握文章的主要内容，体会文章表达的思想感情，能对课文中不理解的地方提出疑问。能复述叙事性作品的大意，初步感受作品中生动的形象和优美的语言，关心作品中人物的命运和喜怒哀乐，与他人交流自己的阅读感受。

高段更求默读有一定速度,默读一般读物每分钟不少于300字。学习浏览、能联系上下文和自己的积累,推想课文中有关词句的意思,辨别词语的感情色彩,体会其表达效果。在阅读中了解文章的表达顺序,体会作者的思想感情,初步领悟文章的基本表达方法。在交流和讨论中,敢于提出看法,做出自己的判断。

总之,我们的阅读教学要重视培养学生广泛的阅读兴趣,扩大阅读面,增加阅读量,提高阅读品味。提倡少做题,多读书,好读书,读好书,读整本的书。关注学生通过多种媒介的阅读,鼓励学生自主选择优秀的阅读材料。加强对课外阅读的指导,开展各种课外阅读话动,创造展示与交流的机会,营造人人爱读书的良好氛围。

3. 写作。写作是运用语言文字进行表达和交流的重要方式,是认识世界、认识自我、创造性表述的过程。写作能力是语文素养的综合体现。写作教学应贴近学生实际,让学生易于动笔,乐于表达,应引导学生关注现实,热爱生活,积极向上,表达真情实感。

关于写作目标,第一学段定位于“写话”,第二学段开始“习作”,这是为了降低学生写作起始阶段的难度,重在培养学生的写作兴趣和自信心。语文课程标准整体目标与内容指出:能具体明确、文从字顺地表达自己的见闻、体验和想法。能根据需要,运用常见的表达方式写作,发展书面语言运用能力。

在写作教学中,应注重培养学生观察、思考、表达和创造的能力。要求学生说真话、实话、心里话,不说假话、空话、套话,并且抵制抄袭行为。写作教学应抓住取材、立意、构思、起草、加工等环节,指导学生在写作实践中学会写作。重视引导学生在自我修改和相互修改的过程中提高写作能力。

此外,要重视写作教学与阅读教学、口语交际教学之间的联系,善于将读与写、说与写有机结合,相互促进。要关注作文的书写质量,要使学生把作文的书写也当做练字的过程。

4. 口语交际。口语交际能力是现代公民的必备能力。应培养学生倾听、表达和应对的能力,是学生具有文明和谐地进行人际交流的素养。具有日常口语交际的基本能力,学会倾听、表达与交流,初步学会运用口头语言文明地进行人际沟通和社会交往。

　　口语交际是听与说双方的互动过程。教学活动主要应在具体的交际情境中进行，不宜采用大量讲授口语交际原则、要领的方式。应努力选择贴近生活的话题，采用灵活的形式组织教学。重视在语文课堂教学中培养口语交际的能力，鼓励学生在各科教学活动以及日常生活中锻炼口语交际能力。

　　5. 综合性学习。综合性学习主要体现为语文知识的综合运用、听说读写能力的整体发展、语文课程与其他课程的沟通、书本学习与生活实践的紧密结合。综合性学习应突出学生的自主性，重视学生主动积极的参与精神，主要有学生自行设计和组织活动，特别注重探索和研究的过程，要加强教师在各环节中的指导作用。综合性学习应强调合作精神，注意培养学生策划、组织、协调和实施的能力。综合性学习的设计应开放、多元，提倡与其他课程相结合，开展跨领域学习。跨学科学习，也应以提高学生语文素养为目的。

二、　学科课程年级目标

　　依据《义务教育语文课程标准(2011 年版)》，教育部审定的《义务教育教科书》及人民教育出版社出版的《义务教育教科书教师教学用书》，特制定各年级的语文学科课程目标。

（一）一年级上学期目标

　　1. 汉语拼音：学会汉语拼音。能读准声母、韵母、声调和整体认读音节；能准确地拼读音节，正确书写声母、韵母和音节；能借助汉语拼音识字、正音、学说普通话。

　　2. 识字与写字：喜欢学习汉字，有主动识字、写字的愿望；认识常用汉字 300 个，会写其中的 100 个；掌握汉字的基本笔画和常用的偏旁部首，能按笔顺规则写字，把字写得正确、端正、整洁；初步养成良好的写字习惯，写字姿势正确；学习独立识字。能借助汉语拼音认读汉字。

　　3. 阅读：喜欢阅读，感受阅读的乐趣。爱护图书；学习用普通话正确、流利地朗读课文；在阅读中积累词语。借助读物中的图画阅读；对读物中感兴趣的内容有自己的感受和想法，乐于与他人交流；诵读儿歌和浅近的古诗，展开想象，获得初步的情感体验,感受语言的优美;认识逗号、句号等常用标点符号;认识自然段;积累古诗和名言警句;主动进行课外阅读。

4. 口语交际:学说普通话,逐步养成讲普通话的习惯;能认真听别人讲话;与别人交谈,态度自然大方,有礼貌;有表达的自信心。积极参加讨论,敢于发表自己的意见。

5. 综合性学习:对周围有好奇心,能就感兴趣的内容提出问题。

（二）一年级下学期目标

1. 识字写字:认识常用汉字 400 个,会写汉字 200 个;喜欢学习汉字,有主动识字、写字的愿望;认识大写字母,熟记《汉语拼音字母表》,学习使用音序查字法查字典;掌握汉字的基本笔画、常用偏旁,能按笔顺规则写字,注意间架结构;养成良好的写字习惯,写字姿势正确,书写规范、端正、整洁。

2. 阅读:喜欢阅读,感受阅读的乐趣;用普通话正确、流利地朗读课文;结合上下文和生活实际了解课文中词句的意思,在阅读中积累词语;学习借助读物中的图画阅读;对感兴趣的人物和事件有自己的感受和想法,并乐于与人交流;诵读儿歌、儿童诗和浅近的古诗,展开想象,获得初步的情感体验,感受语言的优美;认识课文中出现的常用标点符号。在阅读中体会句号、问号、感叹号所表达的不同语气。

3. 口语交际:学说普通话,逐步养成说普通话的习惯;能认真听别人讲话,努力了解讲话的主要内容;听故事,能记住并讲述主要内容;与别人交谈,态度自然大方,有礼貌;有表达的自信心,积极参加口语交际。

4. 写话:对写话有兴趣,留心周围事物,写出自己想说的话。

5. 综合性学习:对周围有好奇心,能就感兴趣的内容提出问题,结合课内外阅读共同讨论。

（三）二年级上学期目标

1. 识字写字:继续复习、巩固汉语拼音,借助汉语拼音识字、正音。认识 450 个字,会写 250 个字。要求认识的字能读准字音,结合词句等语言环境了解意思。养成良好的写字习惯,书写规范、端正、整洁,感受汉字的形体美。

2. 阅读：喜欢阅读，对阅读有兴趣。学习用普通话正确、流利、有感情地朗读课文。能背诵指定的课文和自己喜欢的课文片段。能阅读浅显的课外读物，能与他人交流自己的感受和想法。

3. 口语交际：认真听别人讲话，能听懂主要内容。能主动与别人交谈，讲述简短的故事和见闻。说话时态度自然大方，有礼貌。有表达的自信心，能就感兴趣的话题发表自己的意见。

4. 写话：对写话有兴趣，能把看到的、想到的写下来。在写话中学习运用阅读和生活中学到的词语。根据表达需要，学习使用逗号、句号、问号、感叹号。

5. 综合性学习：对周围的事物有好奇心，乐于观察大自然，热心参与学校、社区活动，并能表达自己的感受。

（四）二年级下学期目标

1. 识字写字：学习生字 464 个。会学习 329 个词语，积累一批常用词语、成语和歇后语等，进一步丰富词汇量。认识常用标点符号，能在阅读中体会句号和逗号的不同用法，初步了解冒号、引号的一般用法。

2. 阅读：进一步激发阅读兴趣，培养良好的阅读习惯。能在课外阅读适合自己的各种儿童报刊和书籍。

3. 口语交际：能听懂一段话和简短的故事。养成边听边想、边听边记的习惯，并能提出自己思考的问题。

4. 写话：写自己想说的话，写想象中的事物；在写话中乐于运用阅读和生活中学到的词语。根据表达的需要，学习使用逗号、句号、问号、感叹号。

5. 综合性学习：结合语文学习，观察大自然，用口头或图文等方式表达自己的观察所得；热心参加校园、社区活动。结合活动，用口头或图文等方式表达自己的见闻和想法。

（五）三年级上学期目标

1. 识字写字：认识常用汉字 250 个，会写常用汉字 250；有初步的独立识字能力，能用音序检字法和部首检字法查字典、词典；能用硬笔书写正楷字，做到规范、端正、整洁并注意正确的写字姿势。

2. 阅读：用普通话正确、流利、有感情地朗读课文；初步学会默读、略读，掌握文章的主要内容，不理解的地方提出疑问；能复述叙述性作品的大意；诵读优秀诗文，展开想象，了解诗文大意，积累课文中优美词句、精彩片段；养成读书看报的习惯，课外阅读总量不少于 10 万字。

3. 习作：乐于书面表达，增强习作自信心；观察周围世界，不拘于形式写下自己的见闻、感受和想象；学习修改习作中有明显错误的句子，根据表达需要，正确使用标点符号。

4. 口语交际：学会认真倾听，不理解的地方向人请教、商讨。听人说话要把握主要内容，能简述，并说出自己的感受和想法。

5. 综合性学习：能提出学习和生活中的问题，有目的地搜集资料，共同讨论。

（六）三年级下学期目标

1. 识字与写字：重视识字写字教学，要培养学生对汉字的浓厚兴趣，鼓励学生自主识字写字，初步具有独立的识字能力。会运用音序检字法和部首检字法查字典、词典。能使用硬笔书写正楷字，做到规范、端正、整洁并有良好的书写习惯。

2. 阅读：能用普通话正确、流利、有感情地朗读课文。运用多种方法理解难懂的句子，能借助关键语句概括一段话的意思，能了解课文从哪几个方面把事物写清楚的。读寓言故事，要明白其中的道理。学会略读课文，能粗知文章大意。积累课内的优美语句、精彩句段。养成读书看报的习惯。

3. 习作：乐于书面表达，增强习作的自信心。愿意与他人分享习作的快乐。大胆想象，尝试在习作中运用自己平时积累的语言材料，特别是有新鲜感的词句。能用修改符号修改习作中有明显错误的词句，正确使用标点符号。

4. 口语交际：能说清楚想法和理由，耐心听别人说话，尊重不同的想法，不同意见要懂得与人商讨。能用合适的语气，从别人的角度劝告他人。能用合适的方法，把故事讲得更吸引人。

5. 综合性学习：小组分工合作，用不同的方式收集介绍我国传统节日的资料，并记录这些节目的相关风俗，以适当的方式展示综合性学习的成果，参与成果的评议,提出修改建议。

(七) 四年级上学期目标

1. 识字写字:认识 200 个字,会写 200 字,能独立识字,在阅读中遇到不认识的字,自己查字典。能写好难写的字,掌握易写错的字的笔顺,把字写端正,写美观,并能积累课文中的新词。

2. 阅读:能通过理解重点词句、边读边展开想象、理清文章的写作顺序来理解课文内容。能领悟和学习作者表达情意的方法。

3. 习作:能如实表达,写真实的人、真实的事,反映真实的生活。能大胆想象,把自己想象中的事物写下来。写完作文后能试着修改自己的习作,做到语句通顺。

4. 口语交际:学会倾听别人说的话,乐于表达,能大胆交流自己了解的内容。并学会与同学沟通合作,认真参与讨论、表演、汇报,提高自己的应对能力。

5. 综合实践:热爱综合实践活动,能按照老师的要求认真开展活动,能自由组成实践小组,学会分工合作,按要求完成任务,并以小组为单位在全班交流学习成果。

(八) 四年级下学期目标

1. 识字写字:认字 194 个,会写 186 个,养成主动识字的习惯。会使用字典、词典,有独立识字的能力,能用钢笔熟练书写正楷字,用毛笔临摹字帖。

2. 阅读:体会课文中关键词句表达情意的作用,能初步把握文章的主要内容,体会文章表达的思想感情,能复述叙事性课文的大意,养成读书,看报的习惯,收藏并与同学交流图书资料。

3. 口语交际:在交谈中能认真倾听,养成向人请教,与人商讨的习惯。听人说话能把握主要内容,并能简要转述,能清楚明白地讲述见闻,并说出自己的感受和想法。

4. 习作:留心周围事物,勤于书面表达,能把内容写得比较清楚,比较具体,会写简短的书信便条,能修改习作中有明显错误的词句。

5. 综合实践:在综合性学习活动中,有目的地搜索资料,提出不懂的问题,开展讨论,解决生活中的简单问题。

(九) 五年级上学期目标

1. 识字与写字:认字 200 个,会写 150 个,并且能够对形近字、同音字、多音字进行区分;用钢笔写楷书,字迹工整,体会汉字的优美;写字姿势规范,具有良好的书写习惯。

2. 阅读:默读有一定的速度,并能抓住文章的大意;能联系上下文和自己的积累,体会课文中含义深刻的句子;在阅读中揣摩文章的叙述顺序,体会作者的思想感情,初步领悟基本的表达方法。阅读说明性文章,能抓住要点,了解文章的基本说明方法;学习浏览,根据需要搜集信息;养成读书看报的习惯,课外阅读总量不少于 25 万字。

3. 习作:养成留心观察周围事物的习惯,积累习作素材,能写简单的记事作文和想象作文,内容具体,感情真实;学写简单的读书笔记、学写内容梗概;能修改自己的习作,书写规范,整洁,做到语句通顺;习作要有一定速度。

4. 口语交际:积极主动地参与讨论当中去,能够认真听别人说话,尊重对方有礼貌,能够抓住要点并且转述,语速适当,表达有条理。

5. 综合性学习:能够撰写活动计划并能策划小组活动,在活动实施过程中与同学进行交流与合作培养的实践能力;学会搜集和处理信息,利用获得的信息促进活动的进行。

(十) 五年级下学期目标

1. 识字与写字:识字 200 个,写字 150 个,把字写端正。在强调写字质量的同时,还可适当要求提高写字的速度,并养成良好的写字习惯。

2. 阅读:继续加强朗读、默读训练,并注意训练形式的多样化;能引导学生把握内容、体会感情、了解记叙顺序、领悟表达方法;继续加强精读和略读能力以及浏览能力的培养。

3. 口语交际:激发兴趣,引起学生交流的欲望,体现双向互动;不断提高学生的口语水平,培养良好的语言习惯。

4. 习作：能写简单的记事作文和想象作文，内容要具体，感情要真实；学习写有明确交际目的的常见的应用文，如书信、研究性报告、表扬稿等应用文的练习，体现习作为日常学习和生活服务的思想，也加强了对习作基本技能的训练。

5. 综合性学习：指导学生设计和开展语文学习活动，引导探索和研究的过程，用多种途径、方式解决实际问题的能力，培养学生合作、探究精神，培养策划、组织能力，以及语文的综合运用能力。

（十一）六年级上学期目标

1. 识字写字：会写 120 字，有较强的独立识字能力，能用硬笔书写楷书，行款整齐，力求美观，有一定速度，并养成良好的写字习惯。

2. 阅读：默读一般读物每分钟不少于 300 字。学习浏览，扩大知识面，根据需要搜集信息。能了解文章的表达顺序，领会文章基本的表达方法；能在阅读中抓住关键词句，体会作者的思想感情；在交流和讨论中，敢于提出看法，作出自己的判断。

3. 口语交际：能激发兴趣，引导互动交流；与人交流能尊重和理解对方，乐于参与讨论，敢于表达自己的意见，表达有条理，语气、语调适当。

4. 习作：有意识地结合课文的学习，引导学生观察生活、丰富自己的见闻，珍视个人的独特感受，积累习作素材，能写简单的记事作文，将所见、所闻、所思、所感记下来。

5. 综合性学习：为解决与学习和生活相关的问题，会利用图书馆、网络等信息渠道获取资料，尝试写简单的研究报告。尝试策划简单的校园活动和社会活动，对所策划主题进行讨论和分析，学写活动计划和活动总结。

（十二）六年级下学期目标

1. 识字写字：会写 80 个字，对难写、易混淆的字能有意识记。能用毛笔字写楷书，在书写中体会汉字之美，善于积累好句新词，勤查字典，使用工具书不断提高独立识字和理解词语的能力；提高写字的速度，并养成良好的写字习惯。

2. 阅读：阅读叙事性文章，能就某一点说感受；阅读诗歌，大体把握诗意，想象诗歌描述的情境,体会作品的感情。受到优秀作品的感染和激励。阅读时能运用已有知识和方法,自主学习和探究。扩大阅读面。

3. 口语交际:能根据对象和场合,稍作准备,作简单的发言;注意语言美,抵制不文明的语言。

4. 习作:修改自己的习作,并主动与他人交换修改,做到语句通顺,行款正确,书写规范、整洁。

5. 综合性学习:在综合性学习活动中,对自己身边、大家共同关注的问题,或电视、电影中的故事和形象,组织讨论、专题演讲、学习辨别是非、善恶、美丑。初步了解运用资料的基本方法。

第三节　与儿童的心灵感应同频共振

基于"醉美语文"的语文学科课程理念,我校课程主要分为基础性课程、拓展性课程。基础性课程以国家统编教材为媒介,不折不扣执行国家课程,旨在培养学生终身发展和适应社会所需的共同基础;拓展性课程主要满足学生的个性化学习需求,培养学生的兴趣爱好,开发学生的潜能,促进学校办学特色形成。

一、　学科课程结构

根据语文课程标准第二部分"课程目标与内容",受学校环境、教师特色、学生特点影响,"醉美语文"课程结构涵盖"识字写字""经典诵读""口语实践""创意表达""综合性学习"五个方面。(见图 1-1)

(一)识字写字

识字、写字是阅读和写作的基础,是第一学段的教学重点,也是贯穿整个义务教育阶段的重要教学内容。基于此,第一学段以激趣为主,教给学生识字方法、让他们感受到识字的有趣。在二、三学段则把识字写字融入到阅读教学中,达到学用结合。

图1-1　百花洲小学语文学科课程框架图示

（二）经典诵读

中华经典涵盖五千年的悠久历史，孕育了丰富多彩的民族文化。以古诗词等经典篇目为载体，开展古诗词经典诵读活动，旨在为学生提供一个了解中国传统文化、继承民族智慧的平台，使学生受到优秀传统文化的熏陶，成为博学多才、知书达理的人。

（三）口语实践

语文课程标准提出："口语交际教学活动主要应在具体的交际情境中进行。"以教材中的口语交际为脚本，选择贴近学生生活的话题。学生在生与生、生与师的口语交际实践中，培养学生运用文明语言进行人际沟通和社会交往。通过创设生动、逼真情境，进行口语表达训练，锻炼学生倾听、表达、转述、交流的能力，使学生在互动中实现信息的沟通和交流，收获交流的快乐。

（四）创意表达

内容以小学阶段创意写作实践练习为核心。旨在贴近生活实际，引导学生观察生活、关心生活、热爱生活。鼓励具有真情实感、有创意的表达，培养学生创意写作能力。

（五）综合性学习

综合性学习以贴近现实生活为基础，"百小"开设的综合性学习课程一定是基于解决问题而进行的探究活动。其中，"了不起的中华文明"这一大的话题，帮助学生了解中华文明、传承文明。

二、学科课程设置

对语文课程设置时，百花洲小学根据时代发展和社会发展对人才的要求，同时充分考虑到不同学段的特点以及课程的综合性、选择性，以便让学科课程设置更科学、规范。除了基础课程之外，还设置了拓展性课程。（见表 1-1）

在设置拓展课程时，我们充分考虑到年段性、一贯性、一致性，定好每个年段的主题，如：一年级上学期的主题为"拼音乐园"，下学期为"童诗诵读"，二年级为"绘本续写"。根据年级主题、基础性课程要求以及六年的一贯性制定"经典诵读""口语实践""创意写作"的具体内容。其中，"口语实践"从一年级"我们的朋友"这样的自我介绍到六年级的"能说会道"，课程设置有梯度、有延续。

第四节　让儿童沉醉在语文的美好里

"醉美语文"旨在引领学生发现语言的美，提升学生的语文素养。根据设定的课程目标与内容，"醉美语义"学科课程的实施主要从以下几个方面入手。

一、打造"醉美课堂"，彰显语文课程魅力

"醉美语文"课堂是基于我校"百花课堂"的理念而建设的语文学科特色课堂。"醉美语文"坚持以"美"为本，通过课堂教学和课外学习相结合，激发学生学习语文的兴趣，感受语言的魅力。

建设"醉美语文"课堂，主要包括基本要求、推进策略和评价提升三个方面。

表 1-1　百花洲小学语文学科拓展性课程设置表

内容类别		主题	识字写字	经典诵读	口语实践	创意表达	综合性学习
一年级	上学期	拼音乐园	乐学拼音	1.《三字经》 2. 童诗童谣	1. 我们做朋友 2. 我的一家人	1. 图图话话 2. 一句话说生活	遨游拼音王国
	下学期	童诗诵读	乐学汉字	1. 复习《三字经》 2. 学习《弟子规》	1. 绘本故事我来读 2. 我的同学们	1. 图写故事 2. 一句话说生活	遨游汉字王国
二年级	上学期	绘本读写	词语对对碰（近义词、反义词）	1. 复习《三字经》《弟子规》 2. 学习《声律启蒙》（节选）	1. 绘本故事我来讲 2. 我的老师们	1. 故事我会编 2. 几句话说生活	了不起的中华文明 ——蒙童
	下学期	绘本读写	生字魔术师（换部首组新字）	1. 继续学习《声律启蒙》 2. 学习《日有所诵》（节选）	1. 我为大家讲绘本 2. 我的教室	1. 故事我会编 2. 几句话说生活	了不起的中华文明 ——名姓
三年级	上学期	诗词王国	"啄木鸟"在行动（修改病句）	1. 复习《声律启蒙》及《日有所诵》 2. 学习唐诗二十首	1. 唐诗配乐诵 2. 眼中的校园	1. 走进唐诗里的"秋" 2. 百字说生活	了不起的中华文明 ——神话
	下学期	诗词王国	畅游标点符号王国	1. 复习唐诗二十首 2. 学习宋词二十首	1. 宋词配乐诵 2. 最爱的校园活动	1. 走进宋词里的"春" 2. 百字说生活	了不起的中华文明 ——礼仪

续 表

内容 类别		主题	识字写字	经典诵读	口语实践	创意表达	综合性学习
四年级	上学期	课本剧社	词句大转盘	1. 复习唐诗宋词 2.《笠翁对韵》	1. 古诗秀一秀 2. 眼中的南昌	1. 续编寓言故事 2. 我手写生活	了不起的中华文明 ——黄帝
	下学期	课本剧社	文字超市	1. 复习《笠翁对韵》 2. 学习《小古文》	1. 童音配音秀 2. 眼中的江西	1. 课文模仿秀 2. 我手写生活	了不起的中华文明 ——成语
五年级	上学期	节日文化	含有数字的成语接龙	1. 复习《小古文》 2.《诗经》节选 20 篇	1. "中秋月 故乡情"诗歌串烧 2. 走过的祖国山水	1. 中秋月，我爱你 2. 一段话说新闻	了不起的中华文明 ——圣人
	下学期	节日文化	含有历史典故的成语接龙	1. 复习《诗经》 2. 学习《上古歌谣》20 篇	1. 红五月诵经典 2. 我身边有趣的人	1. 品品我们的中国节 2. 一段话说新闻	了不起的中华文明 ——文学
六年级	上学期	创意写作	易错音，易错字大汇集	1. 复习《上古歌谣》 2. 学习《论语》二十则	1. 演讲小达人 2. 身边有趣的事	1. 小调查，小报告 2. 一段话说新闻	了不起的中华文明 ——大师
	下学期	创意写作	通假字乐园	1. 复习《论语》 2. 学习《古文》十则	1. 能说会道 2. 向你推荐一本书	1. 我手写我心 2. 一段话说新闻	了不起的中华文明 ——戏曲

（一）"醉美课堂"的基本要求

"醉美语文"课堂的基本要求主要有五个方面：一是解放，"醉美语文"是理念解放的课堂，教师要解放教学思想，关注不同学生的学习需求，将更多的学习主动权交给学生，解放学生的头脑，释放学生的天性，培养其动手能力，达成各美其美的教学境界；二是饱满，"醉美语文"是教学目标饱满的课堂，在具体的教学中，语文作为国家课程的基础学科，承担着让学生掌握最基础的知识，为继续学习打下坚实的基础的任务，同时还要培养学生的语文学习能力和对语言的鉴赏能力；三是丰富，"醉美语文"是教学内容丰富的课堂，我们鼓励教师多角度解读教材，二度开发教材，对语文的课内外学习进行整合，组成丰富的教学内容；四是互动，"醉美语文"是教学方法互动的课堂。学习过程中的生生互动、师生互动，使教学成为师生共同开发、探讨、丰富的过程，在互动中，发挥学生的个性和创造能力，尽可能提升学生的语文素养；五是激励，"醉美语文"是注重激励式教学评价的课堂，教师善用激励性评价激发学生的学习热情，鼓励学生以饱满的激情投入到语文的学习中，教师利用多种评价方式，促进学生语文素养的提高，语文能力的发展。

"醉美课堂"的实施：我们坚持以科研为先导，瞄准前沿，结合实际，注重特色，多渠道、多方式、多层次积极开展小学语文科研活动，以课例为载体，以听评课为抓手，专业引领，平台交流，朝着"百花课堂"的核心目标逐步探索出一条行之有效的最美语文之路。

"醉美课堂"的推进策略主要有以下三个方面。

1. 提升能力。我们坚持每学期听课 15—20 节，上课老师基于同学科互助，示范观摩，互听互评，听课后老师根据《最美语文课堂评价标准》进行量化评分，对于教学中发现的问题能提出有效的教学措施，进一步触摸最美语文课堂的实质内涵。通过互学，提升教师个人校本研修能力，引领广大教师提升执教能力，向研究型教师迈进。

2. 课题联动。围绕"醉美课堂"加强教育理论学习，在校级课题之下，对全体教师进行小课题研修的专题培训，基于专家引领的专题讲座、案例点评、咨询诊断、交流探讨等，引导老师如何从问题出发，选择小课题进行有效研究。教师勇于课堂实践，获得第一手研究资料。把积累到的资料创作成案例分析、教学反思、教育阅读等。

3. 提高实效。"名师工作室"是我校培养教师梯队建设的主要途径。工作室主持人在"群文阅读""百花人文"以及创意写作等方面率先做出尝试,工作室成员们参与其中、共同研究,并通过工作室开放活动进一步向全校老师及连心校老师示范,扩大教研实效;教学中实施分层教学:重落实、促发展、有提升。使每个层面的同学共同进步。优等生提升写作水平,中等生培养阅读能力,学困生重视基础落实,要给偏科生更多的关注和鼓励。"名师引领、高效课堂、分层教学",进一步推进"醉美语文课堂"向更高的层次发展。

（二）"醉美课堂"的评价标准

根据"醉美语文"的内涵,我们设计了符合"醉美语文"课堂的评价量表,以量化的方式对课堂进行评价。通过评价量化,记录课堂中,教师教学的成长,学生能力的进步。（见表1-2）

表1-2　百花洲小学"醉美课堂"评价表

评价主体	评 价 标 准	评分
开放的教学理念（5分）	1. 符合新课标的理念,注重培养学生的核心素养。(2分)	
	2. 有开放的教师观和学生观,一切以学生的发展为本,将更多学习的主动权交给学生。(2分)	
	3. 面向全体,张扬个性,使每个学生都能得到相应的发展。(1分)	
饱满的教学目标（10分）	1. 教学目标的制定符合年段特点以及学生的认知基础,将教学与学生的经验世界相勾连,激活思维。(3分)	
	2. 目标涵盖三个维度,帮助学生在原有基础上得到发展。(2分)	
	3. 各门学科各有所长、各负其责,共同培养多样化的人才。(3分)	
	4. 能根据教学目标的需要,对"百花课堂"进行重组、整合。(2分)	

续　表

评价主体	评价标准	评分
丰富的教学内容（30分）	1. 正确把握教材，并能创造性地使用教材，根据教学需要来开发课程资源，丰富教学内容。（10分）	
	2. 教学内容有层次，有梯度，在把握基础性知识的基础上注意适度拓展，使不同程度的学生各有发展。（10分）	
	3. 根据学生的学习基础、符合学生的发展水平，唤起学生的发展经验，使学生主动参与学习。（10分）	
互动的教学过程（40分）	1. 根据教学内容来创设恰当的教学情境，教学活动设计科学、组织形式灵活多样，能引导学生主动进行积极的思考。（5分）	
	2. 设计统整性的问题、练习有价值、有弹性，鼓励学生质疑、创新。（10分）	
	3. 突出学科思维方法，注重探究，恰当、合理地组织有效的合作学习和互动交流，促进学生的自主学习。（10分）	
	4. 教师能根据课堂教学情况与课堂生成，恰当地进行调整教学预设，以便适应变化、互动的课堂。（10分）	
	5. 在和谐、平等的师生对话的基础上，根据学生的个性发展，促成对话丰富、多维。（5分）	
激励的教学评价（5分）	1. 能用激励性的语言评价学生的课堂表现，及时、准确，富于个性化，能够包容、激励学生。（3分）	
	2. 评价方式多样，从尽可能多的角度来满足学生在认知、情感、个性方面的差异。（2分）	
教学效果（10分）	1. 学生积极参与学习活动，课堂民主，思维活跃，不断有智慧火花的绽放。（2分）	
	2. 学生的主体性地位得到体现，乐于动脑、动口、动手，感受到学习的快乐。（3分）	
	3. 学生学会学习，得到发展，并能促进教学相长。（5分）	

二、倡导"醉美学习"，培养良好的语文学习习惯

"醉美语文"就是让学生走进语文、沉醉于语文，促进学生语文素养的全面

提高。

（一）"醉美学习"的实践与操作

　　儿童时期最好的教育莫过于养成良好的习惯。在日常教育教学活动中，"醉美学习"的语文也体现在平时的点点滴滴中。我们着重从以下几个方面入手。

　　1. 培养学生提前预习的习惯。预习是学习过程的重要环节之一，听课的效果与预习的质量常常是成正比例的。第一步，初读课文，扫除字词障碍；第二步，查阅资料，了解时代背景；第三步，再读课文，理清文章思路；第四步，细读课文，学会质疑问难。预习之后家长监督并签字，教师检查预习情况并反馈。

　　2. 培养学生认真书写的习惯。一是注重方法指导，让写字教学高效化，随堂练习时引导孩子观察字形与占格，并指导孩子书写；二是写字教学走进语文课堂，融入到语文教学中，这是写字教学常态化的标志，也是写字教学得以重视的表现；三是打造墨香校园，让写字教学特色化，从班级布置到校园文化，将写字深入到孩子生活各处，并开展写字比赛，用多元活动激发孩子写字兴趣。

　　3. 培养学生阅读课外书的习惯。根据教材内容和一年级学生阅读篇目拓展阅读，全班共读一本书，并进行汇报交流。建立阅读存折制度，每天每个孩子阅读至少半小时，由家长在阅读存折上进行记录，每月教师检查一次，每学期按照总阅读时长评选阅读之星，并给予相应奖励。

　　4. 培养勤于动笔写作的习惯。阅读课上准备小练笔，或积累各种类型词语，或练习写一句话，或练习模仿写片断，小练笔除课堂交流外每周固定时间批改并奖励。周末准备周记本，摘抄和习作同步进行，每周话题都是孩子们一起分享并选择，每周周记周一批改，周二讲评并奖励习作好的同学，指出修改意见。

（二）"醉美学习"习惯评价要求

　　面对来自不同家庭的不同特点的孩子，我们对学生学习习惯养成进行有意义、有效果的评价，从而提升他们学习语文的能力。"醉美学习"学习习惯在评价中，关注个体，尊重认知、情感、思维等差异。通过评价来促进学生学习习惯的养成，这样真正有效提高了语文的学习质量。（见表 1-3）

表 1-3 "醉美学习"习惯评价表

评价项目	分值	评 分 标 准	评分
预习	25分	自主预习,熟悉课文内容、读准字音、读通句子等	
书写	25分	书写规范、整洁、端正	
阅读	25分	每天定量或定时阅读、摘抄读书笔记	
写作	25分	独立完成习作,学会列提纲、养成修改作文的习惯	
总体评价			

三、 设立"醉美语文节"，激发学生语文学习兴趣

语文教学借助节日文化来传承经典,节日文化又促进了语文教学,既丰富了语文教学的内容,拓展语文教学生活化,也丰富了学生的精神世界,逐渐树立正确的思想道德观念和价值观,培养民族认同感和归属感。

（一）"醉美语文节"的活动设计

我校围绕着传统节日开展了系列主题活动,清明节有"网上祭先烈"留言活动,端午节是"我的端午小报",中秋节是"桂花赏诗会",春节是"编对联,写对联,送祝福"。这系列活动既弘扬了中华优秀传统文化,又让学生在一个个节日当中,激发了学习语文的兴趣。除了弘扬传统节庆文化,我校还充分利用校园节日来丰富学生的语文生活。四月份戏剧节,让学生进行课本剧、舞台剧的展演;十月份是读书节,开展系列读书及书香家庭评选活动。不同的专项活动让学生沉醉在语文学习氛围中。

1. 清明情思。清明节"网上祭英烈"签名寄语活动。以班级为单位,利用信息技术课,在信息技术教师的指导下,组织学生登陆"中国文明网未成年人频道"参与网上献花、抒写感言寄语等祭英烈活动。同时举办征文演讲、诗歌朗诵、主题班队会、团日活动,表达对先烈、先贤的感恩怀念之情。

2. 端午小报。端午节"我的端午小报"活动。各班开展"我们的节日——端午"专题活动,通过活动让学生了解当地的民俗特色,认识端午、喜爱端午、过好端午,在感受传统文化氛围的同时,接受爱国主义教育、民族团结教育和传统美德教育。在此基础上 3—6 年级每班完成一份以"走进端午,传承文化"为主题的手抄报。

3. 中秋赏诗。"桂花赏诗会"在每年的中秋节前夕,开展"佳节读月"主题阅读、"佳节忆月"交流展示、"佳节赏月"实践活动、"佳节思月"交流汇报系列活动。围绕着读书、交流,让学生在活动中感受到中秋节的氛围,潜移默化中接受传统文化的洗礼。

4. 春节送福。每年过年的"编对联,写对联,送祝福"活动,我们在学校门口举办一年一度的"为市民义写春联"活动。十几张桌子一字排开,这些小小的书法爱好者一起挥毫泼墨,为居民写春联,送去新年的祝福。

5. "戏剧节"与"读书节"。四月份的"戏剧节",各年级以年级为单位,围绕着本学年段的重点推荐书目,编排一个富有创意的课本剧,请剧团的专家及教师代表和家长代表来做评委,挑选最优秀的代表学校参加区里的"戏剧节"。每年下半年"读书节",则专门请作家来校为喜爱写作的同学演讲,签名售书,并进行"书香家庭"的评选活动。家庭藏书不少于 300 册,家长为孩子专门设了一张书桌,孩子与家长有共同读书的时候,孩子就可以申报"书香家庭"。

（二）"醉美语文节"的评价要求

"醉美语文节"的设立,旨在让学生感受传统文化的魅力,激发学生读书的热情,使学校的书香校园建设活动走向深入。我们不仅有活动,而且制定相关活动评价标准。主要从现场准备工作、活动内容与主题联系、活动吸引力、现场情况、组织情况、收尾工作等项目进行评价,具体评价如下。(见表 1 - 4)

四、建立"醉美社团",享受语文学习的快乐

语文社团活动,是课程教学的延展和深化,不分年级,由兴趣爱好相近的同学组成,通过丰富多彩的社团活动,为学生发展提供广阔的时间与空间。

表1-4　"醉美语文节"评价表

活动名称			总分		
活动时间		活动地点		填表时间	
活动过程（70分）	评分项目及分值	评分标准			评分
	现场准备工作（5分）	1. 活动前准备完善,相关器材齐全(2—5分) 2. 活动前准备不完善,相关器材不齐全(0—2分)			
	活动内容与主题联系（10分）	1. 活动紧紧围绕主题,契合策划内容(6—10分) 2. 活动大体围绕主题,契合策划内容(2—6分) 3. 活动偏离主题,与策划内容不契合(0—2分)			
	活动吸引力（10分）	1. 活动能吸引广大人员积极参与(8—10分) 2. 活动能吸引小部分人员参与(5—7分) 3. 活动仅能吸引"参与人"参与(2—24分)			
	现场情况（15分）	1. 大部分观众积极融入活动中(10—15分) 2. 部分观众积极参与(5—10分) 3. 互动活动少(0—5分)			
	组织情况（20分）	1. 组织井井有条,现场秩序良好(15—20分) 2. 组织一般,场面有混乱但可正常进行(5—15分) 3. 活动无秩序,场面混乱(0—5分)			
	收尾工作（10分）	1. 活动结束后,保持场地整洁(6—10分) 2. 活动结束后,打扫不彻底,留部分垃圾(2—6分) 3. 活动结束后,未进行收尾工作,场地凌乱(0—2分)			

（一）"醉美社团"的设立与活动

　　我校成立了"国学社团""百花剧社""百花广播站""文学与欣赏"等众多优质的语文学习社团。这些社团每学期初就在全校实行老师和孩子们的双向选择,再由教师在课后利用下午放学后的一小时专门培训,并由这些社团的学生作为主力军代表我校参加活动。

　　1."国学社团"教孩子们接触浅近的国学经典,使他们受到中国古代传统文化的熏陶,吟诵《诗经》中的四言诗、《笠翁对韵》《千字文》以及唐诗宋词等,使这些朗朗上口的语言在诵读中内化为学生所有,也无形中培养了他们对语言敏锐的感受能力以及初步的审美情趣。

　　2."百花剧社"主要教孩子们表演。近年来,整本书共读、课本剧展演成了教师指导学生课外阅读的一大途径。在表演为主的"百花剧社",专业的老师教孩子们改编课本剧,给出特定的情境让孩子们表演,培养他们的表演能力。

　　3."百花广播社"顾名思义,这个社团是带着孩子表达自己、展现自己的平台。在学习播音主持的过程中,培养孩子对祖国语言文字的热爱之情,更加规范自己的语言,在一次次登上舞台的过程中,锻炼孩子的胆量,从而提高自己的语言组织能力和表达能力。训练的内容以课内外的美文、当前时事新闻为主。

　　4."文学与欣赏"选择中外著名的儿童文学作品供孩子阅读,教孩子阅读文字的方法,教孩子如何感受语言文字的美感,让孩子在阅读中在欣赏优美的文学作品的同时,激发学生文学阅读、文学创作的热情,丰富学生的课余文化生活,增强学生的思维能力、审美能力、创造能力,从而全面提高学生素质,提高孩子的写作水平。

(二)"醉美社团"的评价要求

　　社团的建立是为了更好地促进学生语文的学习,为保证社团激发学生学习语文的兴趣,体验成功的喜悦,使学生得到全面的发展,真正成为学校每一个人共同的社团。特制定相应的活动评价标准,主要从活动计划、出勤情况、活动过程、活动效果、活动创新或影响力等维度进行评价。具体评价标准如下。(见表 1-5)

表 1-5　"醉美社团"活动评价量表

评价项目	分值	评 分 标 准	评分
活动计划	20分	开学初制订好活动计划,有每次活动内容的安排,有活动的负责人。	

续　表

评价项目	分值	评 分 标 准	评分
出勤情况	20 分	开学初上报社团人数，每次活动记录好参加人数，要求按时参加社团活动，不迟到，不早退。	
活动过程	20 分	每次活动中学生能够积极参与，教师组织有序，学生满意度高。	
活动效果	20 分	能达成开学初制定的目标，形成自己的学习成果，学员通过一学期的学习能够有所提高，能够参与学校的相关活动，向大家进行成果展示交流。	
活动创新或影响	20 分	学期结束后学员的成果作品有特色、有创新、有亮点。或是学员的活动在校内外有一定的影响力。	
总体评价			

五、 推动"醉美实践"，拓展语文综合实践空间

　　汉语是我们的母语，语文学习的资源无处不在，语文实践的机会无时不有。我校遵循母语学习的特点和规律，重视学生的语文实践，做活主题整合，拓展实践空间。

（一）"醉美实践"的建设路径

　　我们认识到学校只有形成特色的拓展课程体系，才能形成办学特色，才能为孩子打上人文底色。于是举全校之力，形成了本校独特的课程体系。

　　1. 开发"百花人文"校本课程。百花洲蕴含千年文化灵秀，因其而得名的百花洲小学拥有得天独厚的条件，结合学校办学特色，以及得天独厚的地理优势，开发以"百花人文"为主题的综合实践课程，具有充分的现实依据和重要的教育意义。（见表 1-6）

表1-6　"醉美实践"之"百花人文"课程安排表

单元一	9月—11月上旬	寻踪百花洲	召开"百花洲的历史"发布会
单元二	11中旬—1月上旬	走近百花洲	开展以"印象百花洲"为主题的图片展,或PPT展示
单元三	3月—4月	保护百花洲	开展"保护百花洲"主题活动
单元四	5月—6月	畅想百花洲	文字或图画表现自己心目中未来百花洲的样子

2. 开展"寻踪百花洲"综合实践活动。通过实践活动,进一步认识家乡,了解家乡的历史、文化,提升发现问题和解决问题,收集信息和处理信息,口头表达和书面表达的能力以及与人沟通、合作的意识,培养热爱传统文化,热爱家乡,热爱祖国的思想感情。首先,请专家来校给孩子们讲解有关百花洲历史文化的讲座,让孩子在理论上对百花洲历史文化有进一步的了解,从而更加了解家乡的历史文化。针对对百花洲地情和历史还不够了解的孩子,我们要求通过网络、图书馆等帮助学生进一步更深入地了解。之后组织学生实地考察研究,去之前,需要跟孩子讲明安全方面的知识,另外需要几位家长志愿者参与到这一次的实地考察,协助老师保护孩子们的安全、引导孩子进行实地考察。在实地考察时孩子们需要做以下几方面的记录:亲眼所见的实物,与专家讲解不同的、自己还没弄清楚的实物和自己对百花洲传统文化新的认识和感受。

（二）"醉美实践"的评价标准

"醉美实践"的评价包括老师对学生的评价、学生与学生之间的评价以及参与此次实地考察的家长对孩子们的评价。为此,我们将评价的时间定在实地考察结束之后的汇报交流之时。具体从"参与态度""合作精神""研究成果""收获与反思"四方面进行评价。(见表1-7)

表1-7　"醉美实践"评价量表

评价项目	分值	具 体 要 求	评分
参与态度	30	是否愿意参与活动；活动的时间、次数、认真程度（10分）	
		是否认真思考问题，积极动手动脑、主动提出活动设想或建议（10分）	
		认真查找资料、及时完成计划和学习任务（10分）	
合作精神	30	能在活动中认真倾听同学的观点和意见（10分）	
		能够积极参与小组及班级活动，活动中献计献策（10分）	
		乐于和别人一起分享成果，在小组中主动发挥自己的作用等（10分）	
研究成果	20	能通过学习完成小论文、调查报告或研究笔记（10分）	
		能将自己在实践活动中的感受以手抄报、PPT、手工制作、模型设计等展示（10分）	
收获与反思	20	能够通过自我陈述、小组活动记录来反映自己的想法（10分）	
		能够通过自己的日记、活动征文等形式来反映（10分）	

六、创设"醉美环境"，营造浓厚的学习氛围

学习环境是影响学习者学习的外部环境，是促进学习者主动建构知识意义和促进能力生成的外部条件。我校创设"醉美语文"学习环境，旨在以环境育人。

（一）"醉美环境"的建设路径

我们的"醉美环境"建设主要从以下几方面入手。

1. 班级布置。结合学校的实际情况校内设立文化长廊，班级内设立作品展示墙，让每一面墙都成为孩子成长的展示台；通过班级布置让学生从报纸、杂志、文学作品以及电影、电视中去找生活中的语文，让他们认识世界，认识社会，发现我们身边的美；从中受到启发，积累素材，布置在班级文化墙中，让学生爱上语文，爱上阅

读,愿意分享。

2. 午间阅读。我校新建的图书馆阅览室购儿童书籍一万余册,不仅让学生以班级为单位借书,同时每周安排一个班级午间阅读,让图书馆的书真正活起来用起来。午间布置学生去阅览室看书,扩大阅读范围,积累好词好句,定期交流读书心得,在读书活动中丰富语言,并教会学生灵活运用积累的词语,巧用一些优美词语而使自己的口头语言更有品味。

3. 课前朗读。早读课上、每节语文课前3分钟为学生读书时间,让学生读经典古诗词,在吟诵中既背诵了诗又感受到传统文化的博大精深。

4. 网上学习。当今社会网络学习已经深入百姓当中,所以借助网络帮助、推动学生阅读十分有必要。我们每个班级都配有电脑,每天利用午托时间播放经典作品的朗读,让学生听有声读物,同时要求学生回家朗读名著,把读的作品上传到班级群里,从而把学校的学习延伸到家庭,把课内的学习延伸到课外。每学期的期末考试,不仅有笔试部分,还有口头部分,即让学生读一段课外名著的片段,看学生的读书情况,并把读书的成绩记录到学期末的考核中。

(二)"醉美环境"的评价

针对不同的"醉美环境",我们的评价也不同。

1. 班级布置评价。教室的墙面,只有经过有目的地加工,才能成为班级文化的组成部分。为保证通过班级布置激发学生做生活中的有心人,让学生从报纸、杂志、文学作品以及电影、电视中去找生活中的语文,让他们认识世界,认识社会,发现我们身边的美,并布置在班级文化墙中,让有限的教育空间成为无限的教育资源。特制定相应的班级布置评价标准,主要从整体环境、布置内容、班级创意、整体效果等维度进行评价。(见表1-8)

2. 午间阅读评价。为营造浓厚的书香氛围,让百花洲小学校园里充溢着浓浓的人文气息,我校开展了具有特色的午间阅读,同时也为打造有特色的校园文化品牌奠定基础。特制定相应的午间阅读评价标准,主要从知识竞赛、讲故事活动、成语接龙、读后感等维度进行评价。(见表1-9)

表1-8　"醉美环境"班级布置评价表

项目	评 价 标 准	等级 优良中下
整体环境	教室整体上整洁有序,张贴(挂)物平整无灰尘。	
布置内容	内容积极健康向上,贴近学生生活,能体现生活中的语文,能鼓舞人、教育人。	
	班级布置主题鲜明,内容丰富,服务学习,让学生爱上语文,爱上阅读。	
班级创意	栏目设计、布置有名称、有创意,排版布局合理。	
	符合学生年龄特点,有利于激发学生主动分享。	
整体效果	总体布置合理,视觉美观大方,充分让学生发现身边的美、语文中的美。	

表1-9　"醉美环境"午间阅读评价表

项目	评 价 标 准	等级 优良中下
读后感	口述或者书写,看是否清晰易懂	
知识竞赛	作者、故事人物、故事情节熟悉程度的测试,可以通过理论考试,以选择、判断的题型形式	
成语接龙	主要结合之前学过的成语以及午间阅读书上出现过的成语,进行成语接龙活动,主要考查学生对好词好句的积累	
书目推荐	每一名同学都得陈述推荐该书目的理由,由台下的其他同学举手表决来判断表达推荐书目是否成功	

3. 课前诵读评价。学生每天的课前诵读,我们不仅仅是读,而且有评价,这样做使学生的诵读落到了实处。(见表1-10)

4. 网上学习评价。从语文的教学目的可以得知,朗读能力训练不容忽视,因此利用网络培养学生的自主学习和朗读能力。加强朗读训练有助于推动学生对语言文字的兴趣,有助于提高学生的朗读能力,促使他们去搜集一些经典、优美的诗篇、散文,同时也提高了他们的欣赏能力和写作能力。"醉美语文"的网上学习评价主要从以下方面进行。(见表1-11)

表1－10　"醉美环境"课前诵读评价表

项目	评价标准	等级 优良中下
活动计划	开学初制订计划,每次诵读古诗的内容安排,有带读的负责人	
活动内容	所诵读的古诗必须要是本学年需要背诵的	
	可以适当挑选一些课外经典古诗	
活动过程	以学号依次序依次上台带读古诗,其他同学大声跟读	
	口齿清楚、普通话标准	
活动效果	每名学生能准确诵读古诗,简单的古诗能脱口背诵	

表1－11　"醉美环境"网上学习评价表

评价项目	分值	评价标准	评分
朗读名著网上打卡	50分	声音洪亮、吐字清晰、感情饱满真挚、表达自然	
网络调查问卷	15分	1. 每天在家按要求朗读作品吗? 2. 一般采用什么方式进行朗读训练? 3. 每天朗读训练是否有助于提升你的朗读能力?	
名著角色扮演	35分	角色把握性、应变能力、表达能力、沟通能力、合作能力	
总体评分			

　　总之,"醉美语文"是洋溢着浓厚文化气息的精神家园。我们的课程改革,只有融入到这条博大精深、浩浩荡荡的文化长河中才会有真正的生命活力。"醉美语文",是一种文化的气息,是一座精神的花园。应该用全人类优秀的文化神韵去滋润学生的心田,引领他们登堂入室,领略人类文化大厦的恢弘气势和美丽姿态,充分享受徜徉人类文化之中的无穷乐趣,让我们的学生"醉美"于语文之中。走进积淀着五千年民族精魂的中华文化,让他们去解读、去品味、去领悟、去熏陶、去仰慕,去沉醉其中,就是要让这种传承了数千年历史的民族优秀文化得以继续传承、继续发扬。对语文所承载的民族文化,我们应生出一种敬重、一种亲近、一种珍爱、一种惊叹。

第二章

基于问题
生长的学问是智慧

杜威说："教育即生长，生长是教育的唯一目的，生长之外别无目的。"儿童的生长需要智慧，而智慧总是发端于生命个体原始的惊讶。 儿童总以惊讶、惊异的状态表达他们对未知事物的好奇，问题也由此而来。 从产生问题，到研究问题、解决问题，再到产生新问题，如此循环往复，儿童也就长出了思维，长出了逻辑推理能力，长出了判断力，长出了问题意识。 这种体验贯穿在儿童学习发展的整个过程之中，我们称之为儿童生长的学问。

数学的内涵博大精深,数学的外延无所不在。要让儿童真正成长,就要求我们积极建构以儿童发展为本的课堂。数学学习本身就是一个生动活泼、彰显个性的过程。因此,我们提出"生长数学",让儿童在趣与智的学习过程中,亲身经历将实际问题抽象为数学模型并进行解释与应用的过程,让儿童生长在数学问题的提出、分析、建模、链接、解决的过程之中。第一,构建"生长课堂"。依据学科课程理念和目标、结合学校现状、师生特点,通过构建多元、灵活、趣味、互动、和谐的数学课堂,让数学课程学习践行在实践中,让儿童的逻辑思维和发散性思维得到发展。第二,打造"生长社团"。针对不同儿童的数学学习水平,组织儿童开展各种形式的数学社团活动,丰富儿童数学活动经验,提升儿童数学学习兴趣。第三,探索"生长实践"。开展丰富多彩的数学实践体验活动,把数学问题生活化,生活问题数学化,让数学教育回归生活。通过儿童运用所学知识去解决生活中的数学问题,让儿童体验数学与生活的联系,体验数学的生活应用价值。同时在解决问题的过程中提高儿童的动手操作能力,数学思考的能力以及创新运用能力。在生活场景式的课程中,鼓励儿童回归生活,打通生活世界与数学世界的通道,在实践中快乐学习。

➡ 生长数学
生思维　长素养

南昌市百花洲小学数学中心组,现有教师 14 人,其中中小学高级教师 2 人,中小学一级教师 10 人,江西省骨干教师 1 人,南昌市名师 1 人,南昌市学科带头人 1 人,南昌市教学能手 1 人,南昌市骨干教师 3 人。学校数学中心组,充分发挥团队合作的优势,组织开展听课、评课、磨课等教研活动,积极参与各级各类教育教学活动。为更好地落实教育部《关于深化课程改革,落实立德树人根本任务的意见》《义务教育数学课程标准(2011年版)》等文件精神,我们推进"生长数学"学科课程建设,效果显著。

第一节　以问题驱动儿童的生长

一、学科性质观

华罗庚先生曾说:"宇宙之大,粒子之微,火箭之速,化工之巧,地球之变,生物之谜,日用之繁……无一不可用数学来表达。"从这里,我们知道:数学,是科学的精灵,是科学王宫里最神秘的宫殿。数学的内涵博大精深,数学的外延无所不在。数学是人们认识世界的工具,掌握世界的钥匙。在许多科学革命中,都是以数学突破为其先导,都是以数学理论为其支撑,都是以数学计算为其保障。

中华人民共和国教育部制定的《义务教育数学课程标准(2011年版)》对数学课程的表述为:数学是研究数量关系和空间形式的科学。数学作为对于客观现象抽象概括而逐渐形成的科学语言与工具,数学是人类文化的重要组成部分,数字素养是现代社会每个公民应该具备的基本素养。

义务教育阶段的数学课程,其基本出发点是促进儿童全面、持续、和谐地发展。它不仅要考虑数学自身的特点,更应遵循儿童学习数学的心理规律,强调从儿童已有的生活经验出发,通过"生长数学"的建设与实施,让儿童亲身经历将实际问题抽象成数学模型并进行解释与应用,以问题驱动儿童思考、探究,进而使儿童从问题中生长思维,发展情感,建立价值观,收获数学课程的育人功效。

二、学科课程理念

"生长数学"是让儿童学到具有生长力的数学。"生长数学"要关注让儿童从问题中生长思维、从探究中生长学力、从感悟中生长品格、从内化中生长素养,只有这样,数学教学才能聚焦核心素养,才能向践行创新思维的理想王国起航。

1. 生长数学,培养儿童数学思维。思维是人的一种高级的心理活动形式,是人脑对客观事物的一般特殊性和规律性的一种间接的、概括的反映过程。数学思维也就是人们通常所指的数学思维能力,即能够用数学的观点去思考问题和解决问题的能力,是对数学对象(空间形式、数量关系、结构关系等)的本质属性和内部规律的间接反映,并按照一般思维规律认识数学内容的理性活动。

数学思维能力主要包括四个方面的内容:①会观察、实验、比较、猜想、分析、综合、抽象和概括;②会用归纳、演绎和类比进行推理;③会合乎逻辑地、准确地阐述自己的思想和观点;④能运用数学概念、思想和方法,辨明数学关系,形成良好的思维品质。

儿童的良好思维能力是他们获取新知识、进行创造性学习和发展智力的核心。《基础教育课程改革纲要(试行)》确立了知识与技能、过程与方法、情感态度与价值观三位一体的课程目标,将素质教育的理念体现在课程标准之中,通过引导儿童主动参与、亲身实践、独立思考、合作探究,从而实现向学习方式的转变,发展儿童搜集和处理信息、获取新知、分析解决问题和交流与合作的能力。

2. 生长数学,丰盈儿童活动体验。数学知识来源于生活,服务于生活。数学生活化必须有丰富的多样化的教学活动来支撑,而多样化的教学是对教学回归生活的最好体现。数学生活化包含着诸多的方面、层次与内容。在教学中从课堂到生活,将数学教材生活化,创设生活情境,激发儿童学习兴趣,通过数学问题生活化,引导儿童自主探究。其教学的最终目的是应用数学知识为社会生活服务,因此,要想在教学中实现真正的教儿童生活化,仅仅靠树立生活化的教学意识和创建生活化的教学情境是不够的,还要积极开展实践活动,让儿童在实际操作中发现问题、解决问题,使儿童不仅"学有用的数学",还能在生活中"会用数学",既强化了对抽象数学知识的理解,又提高了儿童的动手能力和创新能力,从而真正实现学以致用。

3. 生长数学,激发儿童勇于创新。《国家中长期教育改革和发展规划纲要(2010—2020年)》在"怎样培养人方面"重点强调,要"面向全体学生、促进学生全面发展,着力提高学生勇于探索的创新精神和善于解决问题的实践能力"。这是国家对人才培养的具体要求,也是新课程对数学课堂教学改革的核心所在。在小学数学课堂活动中,鼓励儿童质疑——让儿童想创新;激励儿童探究——让儿童敢创造;奖励儿童尝试——让儿童会创造。总之,对他们进行创新能力的培养,是时代的要求,更是时代的需要。让我们给儿童搭建一个具有创造性的学习平台,放手让他们去发散,去思维,去探索,去实践吧!

4. 生长数学,提升儿童和合精神。随着知识经济的到来和高科技的飞速发展,竞争越加激烈,合作意识成为人才的重要意识。要培养儿童的和谐、合作、灵动的意识和能力,发挥其合作功能。教师通过营造有趣、有序、有用、有挑战性的学习氛围和教学情境,使儿童明确合作任务,产生合作的兴趣,掌握合作的技能,学会灵动的组织与评价,这样儿童才有可能积极合作、共同学习,提升儿童和谐、合作精神。

第二节 守护儿童生长节奏

《义务教育数学课程标准(2011年版)》指出:数学素养是现代社会每一个公民应该具备的基本素养。作为促进儿童全面发展教育的重要组成部分,数学教育既要使儿童掌握现代生活和学习中所需要的数学知识与技能,更要发挥数学在培养人的思维能力和创新能力方面的不可替代的作用。数学课程能使儿童掌握必备的基础知识和基本技能,培养儿童的抽象思维和推理能力;培养儿童的创新意识和实践能力;促进儿童在情感、态度与价值观等方面的发展。通过义务教育阶段的数学学习,儿童能:1. 获得适应社会生活和进一步发展所必需的数学的基础知识、基本技能、基本思想、基本活动经验。2. 体会数学知识之间、数学与其他学科之间、数学与生活之间的联系,运用数学的思维方式进行思考,增强发现和提出问题的能力、分析和解决问题的能力。3. 了解数学的价值,提高学习数学的兴趣,增强学好数学的信心,养成良好的学习习惯,具有初步的创新意识和科学态度。为了实现这一总目标要求,着力培养儿童的数学核心素养,从"推理与运算""建模与分析""思维与表达""融合与创意"四大块努力,我校提出如下数学学科课程目标。

一、 知识技能,重视经历过程

经历数与代数的抽象、运算与建模等过程,掌握数与代数的基础知识和基本技能。

经历图形的抽象、分类、性质探讨、运动、位置确定等过程,掌握图形与几何的基础知识和基本技能。

经历在实际问题中收集和处理数据、利用数据分析问题、获取信息的过程,掌握统计与概率的基础知识和基本技能。

参与综合实践活动,积累综合运用数学知识、技能和方法等解决简单问题的数学活动经验。经历在实际问题中收集和处理数据、利用数据分析问题、获取信息的过程,掌握统计与概率的基础知识和基本技能。

参与综合实践活动,积累综合运用数学知识、技能和方法等解决简单问题的数学活动经验。

二、 思维方法,重视思考过程

建立数感、符号意识和空间观念,初步形成几何直观和运算能力,发展形象思维与抽象思维。体会统计方法的意义,发展数据分析观念,感受随机现象。在参与观察、实验、猜想、证明、综合实践等数学活动中,发展合情推理和演绎推理能力,清晰地表达自己的想法。学会独立思考,体会数学的基本思想和思维方式。

三、 关键能力,重视实践过程

初步学会从数学的角度发现问题和提出问题,综合运用数学知识、技能和方法等解决简单的实际问题,增强应用意识,提高实践能力;获得分析问题和解决问题的一些基本方法,体验解决问题方法的多样性,发展创新意识;学会运用数学的基本思想和思维方式独立思考;学会与他人合作交流;初步形成评价与反思的意识。

四、 学科品格，重视活动过程

积极参与数学活动,对数学有好奇心和求知欲;在数学学习过程中,体验获得成功的乐趣,锻炼克服困难的意志,建立自信心;体会数学的特点,了解数学的价值;养成认真勤奋、独立思考、合作交流、反思质疑等学习习惯,形成实事求是的科学态度。分低、中、高年段具体为:

低:喜欢学习,愿意思考,初步体验数学学习与思考的快乐;对身边的数学充满好奇,初步养成探究精神和创新意识。

中:具有初步的学习能力,尝试独立自主地学;爱动手操作,乐于参加数学实践活动,尝试用所学数学知识解决生活中的问题;对数学具有好奇心和想象力,学会质疑,有一定的辨析能力。

高:能积极主动地学习,勤于反思;乐于在生活实践中学习,做到将课堂所学,学以致用;动手能力强,以数学实践活动为乐,有创新精神与批判精神。

在"百小"教育人看来,我们的教育是和谐的、相互合作的、灵动的;我们培养的学生要懂得审美,知道美在哪,学会美、创造美;能够在练习、实践中学习知识,学会创造性地学习。

总之,我校将秉承"生长数学"的理念,围绕以上四个课程目标,发展儿童的数学核心素养,培养具有应用意识和创新能力的儿童,让儿童生长在数学学习的过程里。(见表2-1)

表 2-1　百花洲小学一至六年级课程目标表

年级	数与代数	图形与几何	统计与概率	综合与实践
一年级	1. 经历数数、数 100 以内的数，认识计数单位"一"和"十"，初步理解个位、十位上的数表示的意义，会读写 100 以内的数，掌握 100 以内的数的组成、顺序，会比大小，会用 100 以内的数表示日常生活中的事物，并会进行简单的估计和交流。 2. 熟练地计算 20 以内的退位减法，会计算 100 以内两位数加、减一位数和整十数，经历与他人交流各自算法的过程，会用加、减法计算知识解决一些简单的实际问题。 3. 初步认识钟表，会认识整时和半时。认识人民币单位元、角、分，知道 1 元 = 10 角，1 角 = 10 分；知道爱护人民币，会读、写几元几角，知道 1 时 = 60 分，知道珍惜时间。 4. 会探索给定图形或数的排列中的简单规律，初步形成发现和欣赏数学美的意识。	1. 直观认识长方体、正方体、球、圆柱、长方形、正方形、三角形和圆。 2. 会用上、下、前、后、左、右描述物体的相对位置；能用自己的语言描述长方形、正方形、圆形边的特征，初步感知所学的图形之间的关系。	初步体验数据的收集、整理、描述、分析的过程，会用简单的方法收集、整理数据，初步认识条形统计图和统计表，能根据统计图表中的数据提出并回答简单的问题。	1. 经历从生活中发现并提出问题、解决问题的过程，体验数学与日常生活的密切联系，感受数学在日常生活中的作用。 2. 体会学习数学的乐趣，提高学习数学的兴趣，建立学好数学的信心。养成认真作业、书写整洁的良好习惯。 3. 通过实践活动体验数学与日常生活的密切联系。

续表

年级	数与代数	图形与几何	统计与概率	综合与实践
二年级	1. 掌握100以内笔算加、减法的计算方法，能够正确地进行计算。初步掌握100以内笔算加、减法的估算方法，体会估算的多样性。知道乘法的含义和乘法算式中各部分的名称，熟记全部乘法口诀，熟练地口算两个一位数相乘。 2. 认识计数单位"百"和"千"，知道相邻两个计数单位之间的十进关系；掌握万以内的数位顺序，会读、会写万以内的数；知道万以内数的组成，会比较万以内数的大小，能用符号和词语描述万以内数的大小；理解并认识万以内数的近似数。 3. 初步掌握含有两级运算的两步式题的运算顺序；知道除法各部分的名称，乘法和除法间的关系，能够熟练地用乘法口诀求商，能熟练地计算除数是一位数、商是一位数的有余数除法。	1. 初步认识长度单位厘米和米，初步建立1米、1厘米的长度观念，知道1米=100厘米；初步学会用刻度尺量物体的长度（限量整厘米），初步形成估计物体长度的意识。 2. 初步认识线段，会量整厘米线段的长度；初步认识角，知道角的各部分名称，会用三角板判断一个角是不是直角；角；初步学会画线段、角和直角。 3. 能辨认从不同位置观察到的简单物体的形状，初步认识简单轴对称现象，并能在方格纸上画出简单图形的轴对称图形。初步认识镜面对称现象。初步感知平移、旋转现象。	初步了解统计的意义，体验数据的收集、整理和分析的过程，会用简单的方法收集和整理数据。初步认识统计图（1格表示2个单位）和统计表，能根据统计图表中的数据提出并回答简单的问题。通过观察、猜测、实验等活动，找出最简单的事物的排列数和组合数，培养儿童初步的观察、分析及推理能力，全面地思考问题的意识。初步了解统计的意义，体验数据的收集、整理和分析的过程；会用简单的方法收集和整理数据，认识简单的统计表；能根据统计表中的数据回答简单的问题，并能够进行简单的分析。	1. 初步形成观察、分析及推理的能力。 2. 体会学习数学的乐趣，提高学习数学的兴趣，建立学好数学的信心；养成认真作业、书写整洁的良好习惯。 3. 通过实践活动，经历自主探索、合作交流的过程，体验数学与日常生活的密切联系。

续　表

年级	数与代数	图形与几何	统计与概率	综合与实践
	4. 认识质量单位克和千克,初步建立1克和1千克的质量观念,知道1千克=1000克。			
三年级	1. 会计算三位数的加减法,初步进行相应的估算和验算。会笔算多位数除以一位数的除法,两位数乘两位数的乘法,会进行相应的乘、除法估算和验算。 2. 会口算一位数乘整十、整百数。会笔算一位数乘二、三位数,整百整十地计算除数和商是一位数的有余数的除法。会口算几百几十(或几十几百),两位数乘整十、一位数(每位乘积不满十)。 3. 初步认识简单的分数(分母小于10),会读、写分数各部分的名称,会计算简单的分数的大小,初步认识同分母分数的加减法,初步认识简单的小数(小数部分	1. 初步认识平行四边形,掌握长方形和正方形的特征,会在方格纸上画长方形、正方形和平行四边形,知道周长的含义,会计算长方形、正方形的周长,能估计一些物体的长度,并会进行测量。 2. 认识长度单位千米,初步建立1千米的长度观念,知道1千米=1000米。 3. 认识东、西、南、北、东北、西北、东南和西南八个方向,能根据给定的东、南、西、北中的一个方向,并能用这些词语描述物体所在的方向。 4. 认识面积的含义,能用自选单位估计和测量图形的面积,体会并认识面积单位(平方厘米、平方分米、平方米、公顷),会进行简单的单位换算;掌握长方形、	1. 初步体验有些事件的发生是确定的,有些则是不确定的,能够列出简单实验所有可能发生的结果,知道事件发生的可能性是有大小的,能对简单事件发生的可能性的一些简单情况做出描述。 2. 能找出事物简单的排列数和组合数,形成发现生活中的数学的意识,初步形成全面地思考问题的意识及推理的能力。 3. 认识简单的复式统计表;能根据统计图表中的数据提出并回答简单的问题,并能够进行简单的分析。	1. 经历从实际生活中发现问题、提出问题、解决问题的过程,体会数学在日常生活中的作用,初步形成综合运用数学知识解决问题的能力。 2. 体会学习数学的乐趣,提高学习数学的兴趣,建立学好数学的信心。 3. 养成认真作业、书写整洁的良好习惯。

续 表

年级	数与代数	图形与几何	统计与概率	综合与实践
	分不超过两位），初步知道小数的含义，会读、写小数，初步认识小数的大小，会计算一位小数的加减法。 4. 认识质量单位吨，初步建立1吨的质量观念，知道1吨=1 000千克。 5. 认识时间单位秒，初步建立时间观念，知道1分=60秒，会进行一些有关时间的简单计算。 6. 认识时间单位年、月、日，了解它们之间的关系；知道各月以及全年的天数；知道24时计时法，会用24时计时法表示时刻。	正方形的面积公式，会用公式正确计算长方形、正方形的面积，并能估计给定的长方形、正方形的面积。		
四年级	1. 认识计数单位"十万""百万""千万""亿""十亿""百亿"，认识自然数，掌握十进制计数法，会根据数级读、写亿以内和亿以上的数，会根据要求用"四舍五入"法求一个数的近似数。体会和感受较大数在日常生活中的应用，进一步培养数感。	1. 认识直线、射线和线段，知道它们的区别。认识常见的几种角。会比较角的大小，会用量角器量出角的度数，能按指定度数画角。 2. 认识垂线、平行线，会用直尺、三角板画垂线和平行线，掌握平行四边形和梯形的特点。	1. 了解不同形式的条形统计图，学会简单的数据分析，进一步体会统计在现实生活中的作用。 2. 认识折线统计图，了解折线统计图的特点，初步会根据统计图和数据进行数据变化趋势的分析，进一步体会统计在现实生活中的作用。	1. 经历从实际生活中发现问题、提出问题、解决问题的过程，体会数学在日常生活中的作用，初步形成综合运用数学知识解决问题的能力。 2. 初步了解了运筹的思想，培养从生活中发现数学问题的意识，初步形成

续　表

年级	数与代数	图形与几何	统计与概率	综合与实践
	2. 会笔算三位数乘两位数的乘法、除数是两位数的除法，会进行相应的乘、除法估算和验算。 3. 会口算两位数乘一位数（积在100以内）和几百几十乘一位数、整十数除整十数、整十数除几百几十数。 4. 理解小数的意义和性质，体会小数在日常生活中的应用，进一步发展数感，掌握小数点位置变化引起小数大小变化的规律，掌握小数的加法和减法。 5. 掌握四则运算的运算顺序，会进行简单的整数四则混合运算；探索和理解加法和乘法的运算定律，会运用它们进行一些简便计算，进一步提高计算能力。	3. 结合生活情境和探索活动学习图形的有关知识；发展空间观念。 4. 认识三角形的特性，会根据三角形的边、角特点给三角形分类，知道三角形任意两边之和大于第三边，以及三角形的内角和是180°。 5. 初步掌握确定物体位置的方法，能根据方向和距离确定物体的位置，能描述简单的路线图。		3. 观察、分析及推理的能力。初步形成综合运用数学知识解决问题的能力。 4. 了解植树问题的思想方法，培养从生活中发现数学问题的意识，初步培养探索解决问题的有效方法，初步形成观察、分析及推理的能力。
五年级	1. 比较熟练地进行小数乘法和除法的笔算。 2. 在具体情境中会用字母表示数，理解等式的性质，会用等式的性质解简单的方程，用方程表示简单情境中的等量关系并解决问题。	1. 探索并掌握平行四边形、三角形、梯形的面积公式。 2. 能辨认从不同方位看到的物体的形状和相对位置，理解中位数的意义，会求数据的中位数。	1. 体验事件发生的可能性以及游戏规则的公平性，会求一些事件发生的可能性，能对简单事件发生的可能性作出预测，进一步体会概率在现实生活中的作用。	1. 经历从实际生活中发现问题、提出问题、解决问题的过程，体会数学在日常生活中的作用，初步形成综合运用数学知识解决问题的能力。

续 表

年级	数与代数	图形与几何	统计与概率	综合与实践
六年级	3. 理解分数的意义和基本性质，会比较分数的大小，会把假分数化成带分数或整数，会进行整数、小数的互化，能够比较熟练地进行约分和通分。 4. 掌握因数和倍数、质数和合数、奇数和偶数等概念，以及2、3、5 的倍数的特征；会求100 以内的两个数的最大公因数和最小公倍数。 5. 理解分数加、减法的意义，掌握分数加、减法的计算方法，比较熟练地计算简单的分数加、减法，会解决简单实际问题。 1. 理解分数乘、除法的意义，掌握分数乘、除法的计算方法，比较熟练地计算简单的分数乘、除法，会进行简单的分数四则混合运算。 2. 理解倒数的意义，掌握求倒数的方法。 3. 理解比的意义和性质，会求比值，会化简比，会解决有关比的简单实际问题。	3. 知道体积和容积的意义及度量单位，会进行单位之间的换算，感受有关体积和容积单位的实际意义。 4. 结合具体情境，探索并掌握长方体和正方体的体积和表面积的计算方法，探索某些实物体积的测量方法。 5. 能在方格纸上画出一个图形的轴对称图形，以及将简单图形旋转90°；欣赏生活中的图案，灵活运用平移、对称和旋转在方格纸上设计图案。 1. 掌握圆的特征，会用圆规画圆；探索并掌握圆的周长和面积公式，能够正确计算圆的周长和面积。 2. 知道圆是轴对称图形；能运用轴对称、平移和旋转设计简单的图案。 3. 能在方格纸上用数对表示位置，初步体会坐标的思想。	2. 通过丰富的实例，理解众数的意义，会求一组数据的众数，并解释结果的实际意义；根据具体的问题，能选择适当的统计量表示数据的不同特征。 3. 认识复式折线统计图，能根据需要选择合适的统计图表示数据。 1. 认识扇形统计图，能根据统计图表选择合适的统计图表示数据。 2. 能从统计图表中准确提取信息，正确解释统计结果，并作出正确的判断或简单的预测；初步体会数据可能产生误导。 3. 经历对"抽屉原理"的探究过程，初步了解"抽屉原理"。	2. 初步了解数字编码的思想方法，培养发现生活中的数学的意识，初步形成观察、分析及推理的能力。 3. 体会解决问题策略的多样性及运用问题解决优化方法，感受数学的魅力，形成发现生活中的数学的意识，初步形成观察、分析及推理的能力。 1. 经历从实际生活中发现问题、提出问题、解决问题的过程，体会数学在日常生活中的作用，初步形成运用数学知识解决问题的能力。 2. 体会解决问题策略的多样性及运用问题解决假设的数学思想性及运用问题解决的有效性，感受数学的魅力。

续　表

年级	数与代数	图形与几何	统计与概率	综合与实践
	4. 理解百分数的意义，比较熟练地进行有关百分数的计算，能够解决有关百分数的简单实际问题。 5. 了解负数的意义，会用负数表示一些日常生活中的问题。 6. 理解比例的意义和基本性质，会解比例，理解正比例和反比例的意义，能够判断两种量是否成正比例或反比例，会用比例知识解决简单的实际问题；能根据给出的有正比例关系的数据在有坐标系的方格纸上画图，并能根据其中一个量的值估计另一个量的值。 7. 会看比例尺，能利用方格纸等形式按一定的比例将简单图形放大或缩小。	4. 认识圆柱、圆锥的特征，会计算圆柱的表面积和圆柱、圆锥的体积。	会用"抽屉原理"解决简单的实际问题，发展分析、推理的能力。	形成发现生活中的数学的意识，初步形成观察、分析及推理的能力。

第三节　生活与数学双向融通

一、"生长数学"课程结构

依据《义务教育数学课程标准(2011年版)》的相关要求,结合我校"百花园"课程体系的总体框架及数学学科课程理念,围绕数学学科自身的特点,遵循儿童学习数学的心理规律,强调从儿童已有的生活经验出发,让儿童亲身经历将实际问题抽象为数学模型,并进行解释与应用,实现生活与数学双向融通,进而使儿童获得对数学理解,在思维能力、情感态度与价值观等多方面得到提高和发展。我校"生长数学"分为"推理与运算""建模与分析""思维与表达""融合与创意"四类,鉴于此,我校确立"生长数学"课程框架如下。(见图2-1)

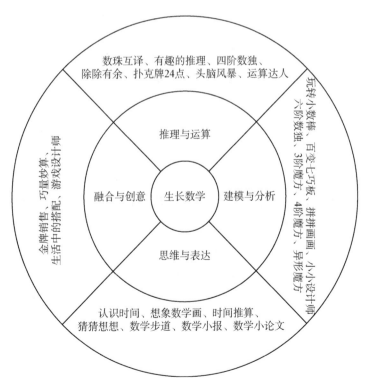

图2-1 百花洲小学"生长数学"学科课程框架图

具体描述如下：

（一）推理与运算

内容为数的运算及与运算相关的趣味游戏等。开设的课程有"数珠互译""有趣的推理""四阶数独""除除有余""扑克牌 24 点""头脑风暴""运算达人"等。数与代数是小学数学基础课程的重要领域，开设与数、代数相关联的拓展课程，旨在建立儿童的数感，发展儿童的运算能力，激发儿童学习数学的兴趣，更有助于儿童理解运算的算理，寻求合理简洁的运算途径解决问题。

（二）建模与分析

内容为拼搭图形、创作图形，以及设计创作空间模型。开设的课程有"玩转小数棒""百变七巧板""拼拼画画""小小设计师""六阶数独""3 阶魔方""4 阶魔方""异形魔方"等。图形与几何是小学数学基础课程的重要领域，开设图形与几何相关的拓展课程，注重发展儿童的空间观念，经历拼搭图形的过程，体会图形之间的联系与变化，在活动中提高动手操作能力，发展初步的创新意识，感受图形之美。

（三）思维与表达

内容为数据的分类、收集、整理、分析，感受如何从烦乱的数据中得到自己想要的结果。开设课程有"认识时间""想象数学画""时间推算""猜猜想想""数学步道""数学小报""数学小论文"等。统计与概率是小学数学基础课程的重要领域，开设统计与概率相关拓展课程，注重发展儿童的数据分析观念，经历在实际问题中收集和处理数据、利用数据分析问题、获取信息的过程，掌握数据收集、整理和分析的方法，能对数据进行归类，体验数据中蕴含的信息。

（四）融合与创意

内容为创设生活情境，解决生活中真实存在的问题，开设的课程有"金牌销售""巧量妙算""生活中的搭配""游戏设计师"等。综合与实践是小学数学基础课程的重要领域，开设综合与实践相关联的拓展课程，在于培养儿童综合应用有关的知识与方法解决实际问题,培养儿童的问题意识、应用意识和创新意识,积累儿童的活动经验,获得分析问题和解决问题的一些基本方法,体验解决问题方法的多样性,发展创新意识。

二、"生长数学"课程设置

"生长数学"是基于"百花教育"的教育理念,结合"生长数学"要关注让儿童从问题中生长思维、从探究中生长学力、从感悟中生长品格、从内化中生长素养,针对在校儿童实际情况量身打造的课程。所有课程依据各年级儿童学情,由易到难、由浅入深、由单一到综合,循序渐进,贯穿十二个学期,根据不同学期的学习要求和儿童需求编制不同的内容,由各年级的任课老师组织实施。(见表 2-2)

第四节 让思维生长在问题中

素质教育的内涵是建成以儿童发展为本的课堂。这要求数学课堂的实施要符合儿童的认知规律,贴近儿童的生活实际。儿童的成长发展是一个"浪漫——精确——综合"循环上升的周期性过程。浪漫阶段的学习以感性、直觉为主,需要提供广博、生动、直观的学习资源,让学习者摄入丰富的知识营养。该阶段要特别注意从孩子的爱好、兴趣出发,保护孩子的好奇心、想象力,发展孩子的创造力。

精确阶段代表了知识的积累、补充更加清晰、准确。这个过程需要在动手实践、自主探索与合作交流中让儿童经历观察、实验、猜想、计算、验证、反思、总结,以使儿童的思维逐步走向成熟,向更严谨、更完善、更具逻辑性发展。综合运用阶段代表了不再以获取单一、孤立的知识为目的,提倡将学科知识进行有机整合,甚至可以打破传统分科课程的知识界限,以主题项目方式开展多元智能学习,以提高学生综合素质发展和解决实际问题的能力。

"生长数学"以小学数学课堂教学为依托,同时又辅之以多种综合实践学习方式,从"智"与"趣"为出发点,按照儿童成长的节奏适时播种适时收获的学科学习。它更突出儿童的自主性、自愿性和灵活性。它对培养儿童的个性特长、创新思维、

表2-2　"生长数学"拓展课程设置表

课程目标	实施年级	推理与运算	建模与分析	思维与表达	融合与创意
1. 让幼儿掌握正确的拨珠方法。通过熟练拨珠,珠数对应,进行空拨、想拨,发展幼儿的记忆力,观察力和思维敏捷性。通过掌握拨珠、数珠互译过程到大脑思维,从而由珠算技能转化为心智技能。数棒可以用来建构数字概念,不同颜色的数棒测量还可以培养规律意识,甚至可以当做测量工具,为后期测量打下基础。 2. 通过搭一搭,进一步体会各种几何图形的特征,发展空间观念,发挥创造力和空间想象力,利用七巧板拼搭出多种图案,在动手拼搭的过程中感悟数学学习的乐趣,促使数学"生活化",让儿童带着数学走进生活,理解生活中的数学,体会数学的价值。 3. 经历从生活中发现并提出问题解决问题的过程,体验数学与日常生活中的作用。体会学习数学的兴趣,感受数学在日常生活中的密切联系,建立学好数学好的信心。	一年级上学期	数珠互译	玩转小数棒	认识时间	火柴数学
	一年级下学期	有趣的推理	百变七巧板	想象数学画	图文算式
1. 综合运用角的知识,用三角板判断一个角是不是直角,对角进行分类,用三角尺按要求拼角、画角。通过折、剪、画设计生活中的图案,进一步认识轴对称图形。在设计过程中,提高儿童的测量技能及动手操作能力,学会和小组同学合作解决问题,培养合作意识和能力。 2. 认识数独,掌握数独的游戏规则和基本技巧。培养儿童的分析、逻辑、推理能力,进一步使儿童熟练掌握100以内的加、减法计算。能熟练地用乘法口诀计算表内乘除法和简单的有余数除法。 3. 让儿童用自己喜欢的方式思考,有序地表达出来,解决生活中的实际问题,在活动中培养儿童运用所学知识解决实际问题的能力,体会数学与生活的联系。	二年级上学期	四阶数独	拼拼画画	时间推算	合理搭配
	二年级下学期	除除有余	小设计师	猜猜想想	金牌销售

续 表

课 程 目 标	实施年级	推理与运算	建模与分析	思维与表达	融合与创意
1. 能熟练地口算一位数乘两位数，三位数除以一位数，探索并掌握两、三位数除以一位数的方法，能正确列竖式计算；掌握两、三位数除以一位数的乘法，并能进行验算；会计算两位数乘两位数（分母大于 1）的加减法运算。 2. 掌握六阶数独的游戏规则和基本技巧。培养儿童的分析、逻辑、推理能力。 3. 重视各学科之间的整合、渗透，重视改革课程结构过于强调学科本位，门类繁多，缺乏整合的现状，使各门课程能够有机融合，把儿童看作一个整体的人来培养。数学日记是数学与各学科有机融合的一种理想媒介。	三年级上学期	运算达人（一）	六阶数独	搭配（一）	巧量妙算
	三年级下学期	运算达人（二）	数学日记	搭配（二）	数学小集锦
1. 扑克牌 24 点可以训练儿童口算和心算能力。四年级的儿童已经具备了四则混合运算的能力，而这个游戏要求运算要发出声音，且不准移动扑牌，对口算和心算是一种很高的要求，对乘法口诀也是一种训练。 2. 可以提高儿童的解决问题能力。由于算 24 点涉及很多办法及不同角度去解决问题，因此可以引导儿童从不同的角度去解决问题的方法，锻炼儿童的数学逻辑思维能力，发展儿童的推理能力。 3. 魔方游戏可以发展儿童的空间判断能力。转魔方时总要去想象那个魔方怎么样能还原，在这样的想象过程中，就能锻炼儿童的空间想象能力。 4. 四年级儿童是由具体形象思维到抽象逻辑思维的关键过渡期，通过魔方游戏可以顺利地开拓儿童的逻辑思维能力，专注力也得到极大地提升，在后期鼓励儿童通过观看视频、书籍以及交流合作来进一步学习更多的魔方游戏，在这个过程中儿童学习能力和自主学习能力得到了进一步的提高。	四年级上学期	速算 24 点（一）	魔方 3 阶	数学手抄报	合理安排
	四年级下学期	速算 24 点（二）	魔方 4 阶	数学小报	营养早餐

续　表

课程目标	实施年级	推理与运算	建模与分析	思维与表达	融合与创意
1. 能正确计算小数乘除法，分数加减法，会运用运算定律进行简便运算；发展数学的运算能力，培养儿童的数感。 2. 通过头脑风暴充分调动儿童学习的积极性与主动性，使儿童活跃思维，展开丰富的想象力，培养良好的创造力。借助魔方锻炼儿童的观察能力、手脑协调能力，提高记忆力、快速反应能力和自信力，增强空间想象能力。 3. 让儿童在数学步道的探究活动中动口、动手、动脑，培养儿童提出问题、解决问题的能力，激发儿童的好奇心和求知欲。设计合理的游戏规则，理解可能性在生活中的运用，感受数学的趣味性，发展创新思维。	五年级上学期	小数达人	异形魔方	快乐掷一掷	头脑风暴
	五年级下学期	分数达人	寻找次品	数学步道（一）	游戏设计师
1. 能正确计算分数乘除法，小数、分数、整数、百分数等的混合运算，会运用运算定律进行简便运算；发展数学的运算能力，培养儿童的数感。 2. 进一步学习圆，认识圆柱和圆锥的基本特征，体验圆在生活中的价值，并能设计和制作圆柱和圆锥模型等活动，了解平面图形和立体图形之间的联系，发展儿童的空间观念。 3. 通过探究，理解数学魔术的原理，让儿童经历探究数学魔术原理的过程，培养儿童自主探究的能力。 4. 让儿童自己撰写数学小论文可以使不同层次的儿童得到发展，儿童体验到数学学习与交流表达的欢乐和成功，激发他们的数学学习热情。	六年级上学期	巧算大比拼	数学魔术（一）	数学步道（二）	校园设计师
	六年级下学期	合理消费	数学魔术（二）	数学小论文	自行车里的数学

分析解决实际生活问题的能力、团结协作的能力和社会活动能力都具有十分重要的意义。"生长数学"的实施主要从以下几个方面入手。

一、构建"生长课堂"，落实多维目标

"生长数学课堂"是在我校"百花课堂"的基础上建设的数学学科特色课堂。以提升儿童数学素养、引导儿童学以践行、培养儿童创新能力、培养儿童合作精神为目标开展的一系列教学活动。

（一）"生长数学"课堂实施要素

"生长数学"课堂依据学科课程理念、课程目标、课程设置，结合学校现状、师生特点，从五个方面设计实施与评价。"生长数学"课堂对提高儿童的数学素养有着重要意义，基本要求必须实现五个关键词。

1. 多元。"生长数学"是一个多元化的课堂。教师不仅要设计符合数学课程标准要求和儿童生活实际的课堂，也要体现知识、技能、思维的多元化。在课堂实施过程中可以采用情境教学、学案导学、合作学习等多样教学方法，有效挖掘儿童学习的潜能，全面培养儿童思维、表达、操作、合作和运用能力。

2. 灵活。思维的灵活性是学习数学的重要前提，更是数学教师在教学中应该注意的教学方式。只有让儿童领会数学的精彩，领会数学的多样性，才能帮助儿童在学习中更主动地去探索数学学习的方法，更好地学习数学。"生长数学"课堂既要有学习建模的关键过程，也要有知识迁移的重要过程。要有活化训练，做到一题多解、举一反三，防止"思维僵化"。要展现教师和儿童的言语、肢体、思维的灵活性，让大家感受到儿童思维的成长和表达的提高，充分展现一个亲和力、感染力的灵动课堂。

3. 趣味。"生长数学"要求我们充分了解与掌握儿童的兴趣倾向、心理特征及学习情况，努力为儿童打造具有趣味性、娱乐性和生动性的教学活动，丰富课堂教学内容，激发儿童的学习兴趣，调动儿童的主观能动性，让每名儿童都积极主动地参与课堂教学，提高儿童的学习能力，提高教师的教学质量。

4. 互动。"生长数学"课堂是一个充满生机的课堂，它需要师生、生生之间思

维激烈碰撞。教学中要科学恰当地组织儿童开展独立探究、小组合作与交流等活动。课堂互动的过程中,通过教师与儿童的共同参与、相互影响、相互作用等,使教师与儿童在心理和行为方面发生积极的变化,活跃教学氛围,提高课堂教学效率,展现儿童的个性,提升交流合作、思考创新能力,促使儿童自身素质的发展。

5. 和谐。夸美纽斯说:"兴趣是创设一个欢乐和光明的教学环境的主要途径之一。"教学在于营造一种氛围。"生长数学"要求教学环节和谐,组织协调顺畅,问题与探究时间充足,儿童思维活跃清晰,教学活动自然流畅。教学活动过程中教师课堂情绪饱满,教师与儿童、儿童与儿童之间彼此欣赏,课堂氛围民主和谐。

(二)"生长数学"评价标准

根据"生长数学"的内涵,我们设计了符合"生长数学"课堂的评价量表,以量化的方式对课堂进行评价。通过评价量化,记录课堂中教师教学的成长,儿童能力的进步。(见表2-3)

表2-3　"生长数学"课堂评价表

授课教师		上课时间		班级		评课教师	
学科		课题					
类别	指标	优	良	合格	不合格
		完全达到 100分—88分	基本达到 87分—75分	部分达到 74分—60分	少量达到 或未达到 60分以下
教学目标 20分	1. 教学目标符合小学数学课程标准,突出教师为主导,儿童为主体。(4分) 2. 学习目标符合学情、儿童生活实际,具体明确,可检测。能达成三维目标和谐统一。(4分) 3. 采用多元教学方法以实现教学目标。(2分)				
教学过程 25分	1. 重视预习交流,验收效果好,捕捉生成问题,随时调整教学预案。(5分) 2. 导入与情境创设体现启发性和趣味性,有新意;课堂提问有价值,有梯度;耐心启发,认真倾听,及时点评与纠正。(5分)				

续　表

类别	指标	优	良	合格	不合格
		完全达到 100 分—88 分	基本达到 87 分—75 分	部分达到 74 分—60 分	少量达到 或未达到 60 分以下
	3. 题组训练全面、灵活,关注知识生成过程的体验,注重知识迁移、一题多解、举一反三。问题与探究时间充足,儿童思维活跃清晰,教学活动自然流畅。(5 分) 4. 层次清晰,教学环节和谐,组织协调顺畅。讲清知识联系,揭示概念本质,突出重点、突破难点。(5 分) 5. 合作与交流分工明确、时机适当、程度恰当。关注儿童有效的自主学习活动,即时评价及时到位,灵活组织、调控课堂。(5 分)				
儿童 学习 25 分	1. 儿童自主有效地独立思考、自由表达,知识生成性活动体验充分,把教材知识结构转化成自己的数学认知结构。(5 分) 2. 生生、师生、生本广泛互动,深入有效,教师及时反馈矫正。(5 分) 3. 儿童能自主发现、探究、建构、生成,张扬个性;合作学习与讨论交流主动、恰当、有效。(5 分) 4. 提高心理素质,激活数学思维,培养意志品质,积极活动体验。(5 分) 5. 善于思考、敢于质疑、勇于提出新问题。(5 分)				
学习 效果 20 分	1. 儿童正确理解、表达、应用学习内容,顺利完成课堂练习,达标检测速度与正确率高。(5 分) 2. 儿童交流展示参与面广、参与度高、效果好。(5 分) 3. 知识点清晰,深化巩固到位,知识条理化系统化;能体验思维方法的运用过程,思维能力得到锻炼和发展。(5 分) 4. 儿童个性得到尊重,有成功体验,不同层次儿童都有提高。(5 分)				
课堂 氛围 10 分	1. 儿童思维活跃,学得积极主动,轻松愉快。(5 分) 2. 教师与儿童,儿童与儿童之间彼此欣赏,课堂氛围民主和谐。(5 分)				

二、 打造"生长社团",落实拓展延伸

数学社团活动以激发儿童的数学学习兴趣为目的,针对不同儿童的数学学习水平,组织儿童开展各种形式的数学实践活动,探究数学规律,它适合于大多数儿童参与。同时,它是丰富儿童数学活动经验,提升儿童数学素养的重要途径,正受到越来越多儿童的接受与欢迎。我校在长期的实践中已经组建了"数学名人名题

故事集"和"小学数学珠心算程"这两份社团活动课堂。

在"数学名人名题故事集"中,我们收集了一些数学经典名题,而且这些经典名题都与一些历史人物相联系。这样,儿童在学习数学名题的同时,还能了解一些历史事件与历史人物。一般地,编制的每一则资料分成三个部分:第一部分是简要介绍历史事件与历史人物;第二部分是介绍名题与相应的解题过程;第三部分是出少量与名题相类似的数学习题。将设问与提供解决问题的思路相结合,既有利于儿童通过自学理解解决问题的方法;同时,也可以为教师在组织活动时提供思路。解决相关名题所需要的知识基础,尽量与儿童的课内学习内容相一致。如在学习"数对"及"正比例、反比例"后,我们安排了"笛卡尔的灵感"这一社团活动内容。当然,还有一些内容与课本知识没有直接联系,主要是拓展儿童的数学视野,促使儿童更加全面地认识数学,如"毕达哥拉斯的形数""芝诺悖论""数字黑洞"等。

"小学数学珠心算程"社团,是针对刚引入数学学习的儿童们,从一年级的认数开始,将算盘引入课堂。算盘作为一种学具,成了儿童们的好朋友。在认数与拨珠的过程中,抽象的数与直观的算珠直接作用于儿童的大脑,反反复复地读数、拨珠,拨珠、读数,数字以具体的形象进入儿童的大脑,为儿童脑像图的形成奠定基础。结合小学数学教材,数的认识经过"实物—物象—抽象的数"这样的过程来完成。学习 10 以内、100 以内的数借助小棒、点子图和计数器;学习 1 000 以内的数时,借助小正方体和计数器。数学课的认数,虽符合儿童从形象到抽象的学习规律,但实物在课堂上有它的局限性;一旦离开小棒、计数器,"物像"难于建立且往往记忆不深。珠心算认数是建立"物——珠像——数"的对应关系。利用算盘"档位清楚、示数直观、珠动数出"的特点,带算盘进课堂,课本上静态的文字、图片在算珠的拨动中更形象生动。能熟练拨珠,并形成清晰脑像图,儿童对认数这部分数学知识的掌握,也是上升了一个层次。珠心算与数学的巧妙结合,提高了学习效果,促进了儿童智力发展。

（一）"生长社团"计划

1. 培养儿童对数学的极大兴趣。通过各种活动,提高儿童的兴趣,比如动手操作、实地考察、亲自测量……让儿童真正体会数学来源于生活。使参加兴趣小组的同学通过学习,把学习意识变被动为主动。

2. 培养儿童的知识面。在兴趣小组中将输入更多数学的知识并且更多的是讲述一些数学的相关知识,让更多同学在数学知识的学习过程中丰富其他各科的功底,使他们的知识面得到很大的拓展。

3. 增加实践的机会。由于兴趣小组不仅有室内的理论学习而且还参与了实践,所以给同学以动手的机会,使他们认识到数学并不是仅仅用在"无聊"的计算上,而更大的就是"从生活中来,到生活中去",使他们意识到学习数学的用处。当然也更增加他们的学习兴趣。

4. 丰富儿童的第二课堂。从素质的角度丰富儿童的课余生活,儿童的生活不仅限于课堂上,更应该让他们意识到学习的乐趣,从而强化儿童的学习兴趣。

（二）"生长社团"活动措施

数学课外活动的组织形式,要灵活多样,生动活泼。既有全校性的,也有班级性的,并且适合儿童的年龄特点,富有吸引力。

1. 乐学——数学游戏和趣味数学。儿童具有好胜、好奇的特点。将数学知识寓于游戏中,联系生产、生活实际,儿童特别感兴趣,能主动积极参与。如猜数学谜语、走迷宫、当售货员等。儿童在数学社团活动课中,学习趣味数学,既巩固所学的旧知识,更能学到新知识。同时也能训练儿童思维的深刻性、灵敏性及独创性,激起儿童学习的兴趣,使儿童在快乐的情境中,越学越想学,越学越会学,并从中领悟到数学知识的奥秘。

2. 巧手——操作、实践。认识来源于实践,实践又能深化认识,引导儿童操作、实践,既能深化知识,又能培养儿童动手解决实际问题的能力。在数学活动课中,从儿童已有的知识内容和生活经验出发,让儿童通过画一画、折一折、叠一叠、量一量、算一算、剪一剪、拼一拼、摆一摆、贴一贴等教学手段,重点引导儿童办一些内容丰富、形式多样、图文并茂的数学日记、手抄报、数学墙报、黑板报等。让儿童多种感官参与活动,在动手操作中发展儿童智力,培养创造意识,在实践中巩固掌握所学知识,提高解决实际问题的能力。

3. 善思——数学竞赛。儿童普遍具有好胜心和上进心,希望显露自己,以便赢得老师赞赏和引起同学们的注意。数学竞赛是儿童表现数学能力的机会,能激起儿童的积极性。一旦他们在竞赛中获胜,就会对自己学习数学产生强大的动力。在小学数学活动课中,组织数学竞赛,能够营造一种积极向上、互相竞争的学习气氛。如在期中、期末或某一章节知识学习完成后,要综合检查儿童所学内容的效果,可采取数学竞赛方式。竞赛可分为小组团体赛、个人赛、擂台赛、单项赛、综合赛等。可用抽签答题,也可以进行抢答。在竞赛中促进儿童思维的发展,培养儿童的竞争意识。

4. 倾听——数学讲座。儿童学好数学,除智力因素和掌握学习方法外,很大程度取决于非智力因素发展。如儿童学习数学的态度、学习习惯、刻苦学习的精神等。这就要求数学教育要对儿童进行学习数学的态度、动机、责任感、自信心等的培养,对儿童进行数学思想教育。因此,在小学数学活动课中,用讲座或报告的形式介绍一些数学知识、数学家的成就和数学的历史,讲述青少年儿童勤奋学数学的动人事例,对儿童进行爱祖国、爱数学的思想教育。培养儿童肯于动脑、善于思考,刻苦钻研,顽强学习的精神和认真、仔细的良好习惯。同时,通过举办数学故事会、数学游艺会的形式,讲数学故事,玩数学游戏,猜数学谜语等,寓数学知识于各种游艺活动中,生动活泼,寓教于乐。

5. 应用——社会调查。数学与现实生活、生产联系十分密切。在数学活动课中,结合教学内容,组织儿童进行一些社会调查,搜集常用数据,了解数学知识在工农业生产、国防建设、科技和实践生活中的应用,向儿童进行学习数学的目的教育,有利于提高儿童学习数学的积极性和自觉性。如把调查来的数据制成统计图表,引导儿童作简要分析,使儿童感受到数学知识应用的广泛性。同时利用生活、生产中的数学来激发儿童强烈的求知欲,使儿童乐于获取课本以外的知识。

(三)"生长社团"活动安排

1. 活动时间:周一、三、五下午 3:40—5:00。

2. 活动地点:录播教室。

3. 活动课题:数学故事;口算、珠心算;思维开发;解决问题的逻辑思维训练。

4. 活动形式:视频、课题授课式、演讲式、竞赛式、课外活动等。

（四）"生长社团"活动进度表（见表2-4）

表2-4 "生长社团"活动进度表

学　时	活 动 内 容
第1学时	数学家儿时故事
第2学时	有趣的数学小故事(一)
第3学时	有趣的数学小故事(二)
第4学时	生活中的正负数
第5学时	最大最小
第6学时	用割补法求面积(一)
第7学时	用割补法求面积(二)
第8学时	图形的分割与拼接
第9学时	余数问题
第10学时	珠算(一)
第11学时	珠算(二)
第12学时	珠心算
第13学时	巧算
第14学时	图形问题
第15学时	巧妙求和
第16学时	最优化问题
第17学时	应用题(一)
第18学时	应用题(二)

（五）"生长社团"注意事项

1. 社团辅导班做到定点、定时、定人，每位授课教师做好儿童出勤记录，做到及时与班主任联系沟通。

2. 社团辅导班讲授内容要注意知识的拓展与能力培养,同学科的社团辅导,要注意知识的系统性、整体性、层次性。

3. 社团活动期间,禁止儿童以各种理由随便离开活动地点,以确保儿童安全和活动质量。

(六)"生长社团"成果考核方案

1. 考核目标。为了解各社团一学期活动开展的实效,及时总结经验和奖励先进,提高各社团成员的活动积极性。同时通过开展社团活动,培养儿童的兴趣特长,促进儿童综合素质的提高。

2. 考核方式。

考核分 3 个等级:5 分为优秀,3—4 分为良好,1—2 分为合格。

考核内容:(1)上课出勤率

　　　　　(2)上课表现

　　　　　(3)活动中的表现

3. 儿童的特长获奖情况记入儿童成长档案,并作为评选"优秀儿童"和评定奖学金的重要依据。

三、 探索"生长实践",落实活动体验

围绕"生长实践",设立丰富多彩的活动体验。把数学问题生活化,生活问题数学化,让教育重归生活是数学教育的一种趋势和共识。数学实践与运用活动即通过儿童运用所学知识去解决生活中的数学问题,使儿童体验数学与生活的联系,体验数学的应用价值,同时在培养儿童解决问题的过程中提高儿童的动手操作能力,自觉进行数学思考的能力,以及创新精神和实践能力。课外活动体验,就是倡导生活场景即课程,鼓励儿童回归生活,打通生活世界与数学世界的通道,在活动中快乐学习。

"生长实践"活动实施原则:1.体现基础性,促进应用化。2.挖掘主题性,注重兴趣化。3.重视灵活性,力求主体化。4.加强针对性,突出个性化。

（一）"生长实践"活动主题

"生长实践"活动的主体是儿童,教师可根据儿童的学习内容引导儿童去观察生活,留心生活中的数学问题,将数学课堂中的内容,通过丰富多彩的活动,搭建数学文化平台,展示数学文化魅力,在生动、活泼、实践的数学活动中,让数学远离枯燥,让数学焕发光彩。为此确立了各年级活动主题,并设计了课外活动记录表。(见表2-5,表2-6)

表2-5 百花洲小学各年段"生长实践"活动主题表

年　级	活　动　主　题
一年级	1. 我的家里有什么 2. 说一说身边的图形 3. 用七巧板拼你喜欢的物品 4. 超市购物(今天我当家)
二年级	1. 家中物品的长度(取整厘米数) 2. 做时间的小主人 3. 合理搭配 4. 珍惜时间
三年级	1. 数学商店 2. 数字编码 3. 小小统计员 4. 制作日历
四年级	1. 小小理财师 2. 亿有多大 3. 生活中的图形 4. 小小设计师
五年级	1. 超市快乐购 2. 包装中的学问 3. 我是小导游 4. 图形中的学问
六年级	1. 我是小小理财家 2. 调查银行 3. 自行车里的数学 4. 地图中的学问

表2-6　"生长实践"课外活动记录表

"生长实践"课外活动记录表		
负责人		
活动人		
活动时间	活动地点	
活动题目		
活动内容		
你的收获		

（二）"生长实践"活动评价要求

1. 评价方式：自评、师评、互评、家长评四个方面。(1)自我评价：由教师确立评价项目和评价方法,由儿童进行自我评价。(2)教师评价：由教师通过观察、学习过程中的情况记录,以及多种形式的作品对儿童进行评价。(3)互相评价：借助评价量表进行生生互评。(4)家长评价：儿童家长参与评价。(见表2-7)

表2-7　"生长实践"能力评价表

评价项目	评价内容		自评			小组评			家长评			教师评		
			优秀	良好	加油	优秀	良好	加油	优秀	良好	加油	优秀	良好	加油
学习态度	对主题有探究兴趣,认真对待、积极参与。													
组织合作	组织严密,分工明确,组员团结合作、配合默契。													
活动能力	搜集信息能力	能获得大量信息,且信息内容全面。												
	发布成果能力	能及时上传活动成果,说明详尽生动。												

续 表

评价项目	评价内容	自评			小组评			家长评			教师评		
		优秀	良好	加油	优秀	良好	加油	优秀	良好	加油	优秀	良好	加油
创新能力	善于观察、思考，能提出创新的观点。												
反思能力	能反思活动中的不足，不断调整研究方向。												
社会调查能力	在调查中善于与别人沟通，有记录有报告。												
活动成效	能按时完成任务且速度快，质量较高。												

2. 具体评价内容包括：(1)活动主题体现数学问题生活化；(2)活动方案设计的合理化；(3)活动过程中解决问题的科学化；(4)活动成果呈现的数学化。

总之，"生长数学"是极富数学魅力的思维家园。数学思维只有经历发现问题、提出问题、分析问题、解决问题才能得到生长。"生长数学"从儿童的生活实际出发，把生活中的问题迁移到"生长数学"的课程中，这些启发儿童思考、探究、讨论的课题、游戏和活动，与数学课堂教学相结合，促进了儿童数学思维的生长，数学学习的发展。教育的目的是培养儿童有创造能力、想象力和洞察力。"生长数学"是思维生长的乐园，是数学学习的乐园。"生长数学"使儿童的思维在主动参与中呈现出逐层推进的良好态势，让儿童在智力发展中积累更多的数学活动经验，迸发出更多的想象力，从而实现教育的根本目标。

第三章

源于生活
让灵性不受污染

"教育只有一个主题——那就是多姿多彩的生活"。 艺术创作不是生活的翻版、备份,而是艺术和生活的完美融合,是典型生活的审美化处理。 美是人的内在与外界进行交流与互动的结果,先有真实和美好感受,才有真实和美好的表达。 于是,儿童亲近艺术,就是在了解艺术是如何体验、感悟、提炼和加工生活的,就是在感受艺术的丰富多彩和生活的变化无穷,就是在认识生活、了解生活、融入生活。 一句话,亲近艺术,就是亲近生活,亲近心灵。

　　做好与生活的关联,返璞归真,从生活中寻找灵感与启迪,增强儿童的审美品位,提升儿童的美术素养,实现核心素养在美术学科落地,并产生强大的艺术创造力,是美术教育的宗旨。美术教学不应只是教会学生画画,更应该以欣赏美、体验美、创造美的学科教学活动为媒介,让学生联系生活、走进生活、感悟生活,从而激发学生热爱美术、美化生活的兴趣。百花洲小学秉承"用美术联接生活,以美术涤荡心灵"的理念,积极构建"灵性美术"课程。首先打造"灵性课堂",以科研为先导,瞄准前沿,结合实际,注重特色,多渠道、多方式、多层次积极开展小学美术科研活动,逐步探索出一条行之有效的"灵性美术"之路。第二,创办"灵性美术节",美术教学借助节日文化实现,节日文化反过来助推美术教学,既丰富了教学的内容,使教学生活化,也丰富了学生的精神世界,让学生树立正确的思想道德观念,培养民族认同感、归属感和自豪感。第三,推动"灵性实践",美育是熏陶孩子美好心灵的有效途径之一,美术学习的资源无处不在,美术实践的机会无时不有。依托本地丰富的人文资源,开发以"灵性百花"为主题的综合实践课程,重视学生的实践,做活主题整合,拓展实践空间。

➡ 灵性美术
唤醒生命的灵性

　　南昌市百花洲小学美术学科组一共有教师 2 名,其中中小学一级教师 1 名,中小学二级教师 1 名。学校美术学科组,秉承"灵性美术"的课程理念,充分发挥团队合作的优势,组织开展听课、评课、磨课等教研活动,积极参与各级各类教育教学活动;遵循小学美术教学的规律,为了更好地落实让每名孩子在享受灵性美术教学过程中受益,我们依据教育部《义务教育美术课程标准(2011 年版)》,推进学校课程建设。

第一节　生活与灵性的耦合

一、学科价值观

根据依据《义务教育美术课程标准(2011年版)》的课程基本理念可知美术课程注重与学生生活经验紧密关联,使学生在积极的情感体验中发展观察能力、想象能力和创作能力。我们认为小学美术应从学生生活入手,做好与生活的关联,返璞归真,从生活中寻找灵感与启迪,感受"灵性美术"的魅力,以增强学生的审美品位,提升其美术素养,实现核心素养的转换,并产生强大的艺术创造力。

二、学科课程理念

立足儿童身心发展特点,依据《义务教育美术课程标准(2011年版)》的课程基本理念结合我校美术学科的实际情况,提出以"灵性美术"为核心的美术学科理念。

"灵性美术","灵性"即为"灵活""灵巧"。新时代美术不单是教会学生画画,而是有生命力的,更是通过观察生活中美的特征和规律,欣赏打动人心的艺术作品,拓宽学生美术创作的视野,丰富美术创作内涵,让学生真正联系生活、走进生活、感悟生活,从而激发学生热爱美术、美化生活的兴趣,有效提升新时代学生的美术素养。好的美术教育一定是情感充盈的、打动人心的。美术教育就有这样的魅力,在灵活的美术教学形式下,让学生受到春风化雨、潜移默化的影响。

1. "灵性美术"培养从美术体验入手

要激发学生的美术学习兴趣,最有效的方式就是让学生体验美术学习的乐趣。在美术学习体验中变被动学习成主动学习,美术学习及美术课堂活动参与的积极性最高。而体验式教学更是素质教育倡导的新型教学模式。小学阶段的学生年龄小,心智发育尚不成熟,教师引导小学生参与美术课堂活动,感受到美术学习的兴趣性,营造趣味性的教学情境,趣味性的课堂引导,让其在体验中审美,在审美中实现核心素养的培养。

2. "灵性美术"侧重培养审美习惯的养成

小学美术教育核心素养的培养,要想深入彻底,就必须引导小学生养成自觉审美的好习惯,教师应走出一味地营造环境,忽视课堂内容讲解的认识误区,在轻松的环境中,在高效的环境中做好美术教学知识的讲解,培养学生的美术素养,让学生自觉养成良好的审美习惯,审美能力是小学生对美术作品直观感受的能力,更是一个人核心素养。综合素质的体现。在小学美术课堂教学中,应该教给学生基本的绘画技巧,强化美术专业知识的学习,积极做好小学生良好审美习惯的培养。

3. "灵性美术"培养要联系现实生活

美来源于生活,小学生美术学科素养的培养同样需要生活的启迪。因此,"美术教学要想实现学生核心素养的培养,必须做好与生活的关联,返璞归真,从生活中寻找灵感与启迪"。美术教育只有与生活紧密联系,才能增强学生的审美品位,提升其美术素养,实现核心素养的转换,并产生强大的艺术创造力。小学美术教育关注与生活的关联,以生活的关照为切入点,鼓励引导学生从生活中发现美,发挥自己的想象力和创造力,表达最真实的想法进行艺术性创造。

第二节　让儿童充满艺术灵性

《义务教育美术课程标准(2011 年版)》指出：美术课程要凸显视觉性、具有实践性、追求人文性、强调愉悦性。所以根据以上几点要求,"灵性美术"课程提出以下总体目标：学生能以个人或者集体合作的方式参与美术活动,激发灵活创意。学生能了解美术语言及表达方式方法,灵活运用各种工具,表达思想与情感,改善生活与环境。学生能了解美术对文化生活的独特作用,丰富视觉、触觉,感受灵活的美术韵味,形成基本的美术素养。

（一）一年级课程目标

1. 造型表现学习领域目标：尝试不同工具,通过看看、画画、做做等方法大胆自由地表现所见所闻、所感所想,体验造型活动灵活趣味。

2. 设计应用学习领域目标：观察身边的用品,初步了解形状与用途,尝试不同工具,进行简单组合和装饰,体验设计和制作的灵活趣味。

　　3. 欣赏评述学习领域目标：通过观察自然景物和学生感兴趣的美术作品，用简短的话语表达自己独特的感受。

　　4. 综合探索学习领域目标：采用造型游戏的方式，与语文、音乐等学科内容相结合，进行想象创作和展示。

（二）二年级课程目标

　　1. 造型表现学习领域目标：学会使用不同工具，通过看看、画画、做做等方法大胆自由地表现所见所闻、所感所想，体验造型活动灵活趣味。

　　2. 设计应用学习领域目标：观察身边的植物和动物，学会形状与用途，用不同工具，进行有序的组合和装饰，体验设计和制作的灵活趣味。

　　3. 欣赏评述学习领域目标：通过观察自然景物和学生感兴趣的美术作品，用简短的话语表达自己独特的感受。

　　4. 综合探索学习领域目标：采用造型游戏的方式，与语文、品社、音乐等学科内容相结合，进行想象创作和展示。

（三）三年级课程目标

　　1. 造型表现学习领域目标：初步认识线条、形状、色彩与肌理等造型元素，通过观察、绘画、制作等方法表现所见所感，激发想象，唤起创作欲望。

　　2. 设计应用学习领域目标：尝试从形状与用途的关系，认识设计和工艺的造型、色彩，学习灵活的对比与和谐、对称与均衡的形式原理。用手绘草图和立体制作方法来表现设计构想。

　　3. 欣赏评述学习领域目标：欣赏学生认知水平的中外美术作品，用语言等多种形式描述作品表达感受。

　　4. 综合探索学习领域目标：采用造型游戏的方式，与语文、音乐、品德、科学等学科内容相结合，进行想象创作和展示，并发表创作意图。

（四）四年级课程目标

　　1. 造型表现学习领域目标：深入认识线条、形状、色彩与肌理等造型元素，通过观察、绘画、制作等方法表现所见所感,激发想象,唤起创作欲望。

2. 设计应用学习领域目标:学会从形状与用途的关系,认识设计和工艺的造型、色彩,学习灵活的对比与和谐、对称与均衡的形式原理。用手绘草图和立体制作方法来表现设计构想。

3. 欣赏评述学习领域目标:欣赏学生认知水平的中外美术作品,能通过查找资料等形式了解绘画创作的背景与特点,用语言等多种形式描述作品表达感受。

4. 综合探索学习领域目标:采用造型游戏的方式,与语文、音乐、品德、科学等学科内容相结合,进行想象创作和展示,并发表创作意图。

(五)五年级课程目标

1. 造型表现学习领域目标:运用线条、形状、色彩与肌理等造型元素,以素描和立体造型方法表现所见所感,发展美术构思和创作能力,表达情感。

2. 设计应用学习领域目标:从形态与功能的关系,认识设计和工艺的造型、色彩,学习灵活的对比与和谐、对称与均衡的形式原理。设计和装饰各种图形与物品,改善环境与生活,并与他人交流设计意图。

3. 欣赏评述学习领域目标:欣赏优秀的中外美术作品,了解代表性美术家,通过描述、分析与讨论,用简单的美术语言对美术作品描述,表达对作品的感受。

4. 综合探索学习领域目标:结合其他学科知识、技能,用多种媒材进行策划、创作与展示,体会美术与生活环境的关系。

(六)六年级课程目标

1. 造型表现学习领域目标:探索线条、形状、色彩与肌理等造型元素,以素描和立体造型方法表现所见所感,发展美术构思和创作能力,表达情感。

2. 设计应用学习领域目标:从形态与功能的关系,熟练运用设计和工艺的造型、色彩,学习灵活的对比与和谐、对称与均衡的形式原理。设计和装饰作品,改善环境与生活,并与他人交流探讨设计意图。

3. 欣赏评述学习领域目标:欣赏优秀的中外美术作品,了解代表性美术家,通过描述、分析与讨论,用简单的美术语言对美术作品描述,表达对作品的感受。

4. 综合探索学习领域目标：结合 1—6 年级其他学科知识、技能，用多种媒材进行策划、创作与展示，体会美术与生活环境的关系。

第三节 用美术链接多彩生活

基于"灵性美术"的美术学科课程理念，我校课程主要分为基础性课程、拓展性课程。基础性课程旨在培养学生终身发展和适应社会所需的共同基础，以国家统编教材为媒介，不折不扣执行国家课程；拓展性课程主要是以多姿多彩的生活为课程资源，培养学生的艺术兴趣，开发学生的艺术潜能，满足学生的个性化学习需求，促进"灵性美术"学科特色形成。

（一）美术课程结构

研读《义务教育美术课程标准(2011 年版)》，学校主要从"艺术欣赏""绘画创作""主题设计""综合探索"四方面入手，确定"灵性美术"学科课程框架。(见图 3-1、表 3-1)

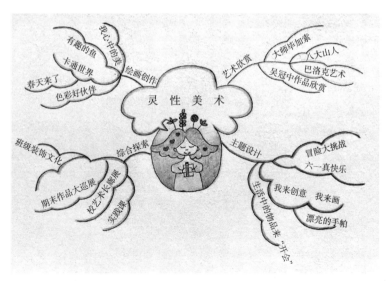

图 3-1 百花洲小学"灵性美术"学科课程框架图

表 3-1　百花洲小学"灵性美术"拓展课程表

年级	"灵性美术"拓展课程			
	艺术欣赏	绘画创作	主题设计	综合探索
一年级上	我们的大师毕加索	1. 碰碰乐色彩游戏（色彩练习） 2. 我心中的美（线条练习）	1.《我爱大自然》主题创作 2.《冒险大挑战》主题活动	学期末作品大巡展
一年级下	趣味国画欣赏——八大山人作品	1. 春天来了（色彩练习） 2. 水果真美味（线条练习）	1.《春芽》主题创作 2.《六一真快乐》主题活动	实践课程：走进鄱阳湖，采摘制作植物（藜蒿）标本
二年级上	水彩的梦——米切尔的绘画	1. 色彩变变变（调配色彩练习） 2. 水中色（水彩技法学习）	1.《我们的天空》主题创作 2.《谁家的地毯最漂亮》主题活动	作品装饰班级文化
二年级下	现代国画欣赏——吴冠中作品	1. 色彩好伙伴（调色练起） 2. 水彩技法学习（水油分离法）	1.《春游记》主题创作 2.《漂亮的手帕》主题活动	实践课程：参观滕王阁，绘制写生游记
三年级上	巴洛克艺术——阿尔丰斯·穆夏	1. 点线面（绘画构图练习） 2. 小瓷砖画（绘画装饰练习	1.《小餐桌》纸盘纸杯画创作 2.《小小设计师》主题活动	校艺术长廊展
三年级下	水墨山水画欣赏	1. 图形的组合（构图练习） 2. 向日葵（装饰画练习）	1.《美味佳肴》纸盘纸杯画创作 2.《小小设计师》主题活动	实践课程：走进绳金塔民间文化艺术展，欣赏糖画、竹编手工、剪纸艺术

续　表

年级	"灵性美术"拓展课程			
	艺术欣赏	绘画创作	主题设计	综合探索
四年级上	《生活中的日用品》绘画作品	1. 画一画生活中的一些常见日用品。 2. 生活中的物品组合绘画练习。	1.《我们的日常生活用品》主题创作 2.《生活中的物品来"开会"》主题活动	作品装饰班级文化
四年级下	《生活中的线描画》绘画作品	1. 画一画生活中的一些常见物品如：蔬菜、水果。 2. 生活中的物品组合绘画练习。	1.《我们喜欢的瓜果蔬菜》主题创作 2.《生活中的蔬果"大杂烩"》主题活动	实践课程：参观扬子洲蔬菜基地，写生蔬果线描画
五年级上	少儿国画——鱼虫篇	1. 形态有趣的鱼的国画练习。 2. 可爱的小虫子与美丽的花卉国画练习。	1.《生动有趣的小金鱼》主题创作 2.《鱼、虫、花卉大比拼》主题活动	校艺术长廊展
五年级下	少儿国画——花鸟篇	1. 形态各异的小鸟的国画练习。 2. 可爱的小鸟与美丽的花卉国画练习。	1.《形态各异的鸟儿》主题创作 2.《鸟儿花卉大融合》主题活动	实践课程：参观梅湖景区"朱耷纪念馆"，临摹名家作品花鸟中国画
六年级上	手绘作品大全——我们一起来手绘	1. 手绘生活中的人与物。 2. 手绘卡通世界的人物。	1.《生活真的很有趣》主题创作 2.《卡通世界的梦》主题活动	校艺术长廊展
六年级下	手绘作品大全——我们一起来创作	1. 手绘生活中的景与物。 2. 手绘卡通世界的景物。	1.《我来创意，我来画》主题创作 2.《卡通创意之梦》主题活动	实践课程：走进高校，与江西师大动漫专业大学生共同学习创意手绘画课程，完成手绘作业

第四节　享受艺术净化心灵

一、打造"灵性美术"课堂，提升学生艺术感受能力

"灵性美术"坚持以"灵"为本，通过课堂教学和课外生活相结合，激发学生学习美术的兴趣，感受美术的魅力。建设"灵性美术"课堂，主要包括基本要求、推进策略和评价标准三个方面。

（一）"灵性美术"课堂的基本要求

1. 丰盈。与学校百花教育哲学保持一致，体现"让每一朵花如其所是绽放"学校的办学理念，尊重每个学生对美的感受和兴趣，教学方法及内容丰富有温度。

2. 清晰。课程目标指向清晰，既注重不同年段学生发展特点，有关注学生不同个体的特殊需求，做到面向全体，有的放矢。

3. 多维。课程内容丰富多维。学科课程群除规定的国家课程之外，拓展类课程应丰富多彩，以学生需求为主，为学生的全面发展搭建平台。

4. 高效。课程实施科学高效。课程实施方法得当、措施有力，充分体现学生的主体地位，有利于学生兴趣的激发。教师教学效率高，教学效果好。

5. 全面。课程评价规范全面。课程评价做到多元、全面。结合过程性评价和终结性评价，发挥评价的诊断和激励功能，对学生学习情况进行整体评价。

（二）"灵性美术"课堂的推进策略

在实施"灵性美术"课堂时，我们坚持以科研为先导，瞄准前沿，结合实际，注重特色，多渠道、多方式、多层次积极开展小学美术科研活动，以课例为载体，以听评课为抓手，专业引领，平台交流，逐步探索出一条行之有效的"灵性美术"之路。"灵性美术"课堂推进策略如下：

1. 提升能力。我们坚持每学期听课 15—20 节，上课老师基于同学科互助，示范观摩，互听互评，听课后老师根据《"灵性美术"课堂评价标准》进行量化评分，对于教学中发现的问题能提出有效的教学措施，进一步触摸课堂的实质内涵。通过

互学,提升教师个人校本研修能力,引领教师提升执教能力,向研究型教师迈进。

2. 课题联动。围绕"灵性美术"课堂,加强教育理论学习,在校级课题之下,对全体教师进行小课题研修的专题培训,基于专家引领的专题讲座、案例点评、咨询诊断、交流探讨等,引导老师如何从问题出发,选择小课题进行有效研究。教师勇于课堂实践,获得第一手研究资料。把积累到的资料制作成案例分析、教学反思、教育阅读等。

（三）"灵性美术"课堂的评价标准

根据"灵性美术"的内涵,我们设计了符合"灵性美术"课堂的评价量表(见表3-2),以量化的方式对课堂进行评价。通过评价量化,记录课堂中教师教学的成长和学生能力的进步。

表 3-2　百花洲小学"灵性美术"课堂评价量表

指标　等级	优	良	合格	不合格
	90%达到	70%达到	60%达到	未达60%
革新 10 分	1. 尊重学生主体地位,培养学生善于思考的能力; 2. 关注不同学生学习需求。			
	10—9 分	8—7 分	6 分	6 分以下
丰富 10 分	1. 创造性使用教材; 2. 培养学生多方面的能力。			
	10—9 分	8—7 分	6 分	6 分以下
立体 20 分	1. 注重学科资源的整合与开放; 2. 多媒体技术运用有效、恰当。			
	20—18 分	17—14 分	13—12 分	12 分以下
灵动 20 分	1. 注重情境创设,关注课堂生成; 2. 善于激励调控,注重接受与探究方式的结合。			
	20—18 分	17—14 分	13—12 分	12 分以下
缤纷 20 分	1. 教学方式多样,提高课堂效率; 2. 多种评价方式,促进学生发展。			
	20—18 分	17—14 分	13—12 分	12 分以下

续　表

等级 　 指标	优	良	合格	不合格
	90% 达到	70% 达到	60% 达到	未达 60%
童真 20 分	1. 学生学习情绪饱满,全程投入; 2. 学生善于观察、思考,与同伴合作; 3. 乐于表达个人见解,敢于质疑,勇于探究。			
	20—18 分	17—14 分	13—12 分	12 分以下
总评	A: 100—90 分	B: 89—70 分	C: 69—60 分	D: 60 分以下

二、 创办"灵性美术"课程周,丰富美术课程内涵

"灵性美术"课程周,是课程教学的一大亮点,由兴趣爱好相近的同学组成兴趣小班级,遵循学生年段的认知能力,把学生按年级分为三周上课时间。通过丰富多彩的特色课程,为学生发展提供广阔的时间与空间。

(一)"灵性美术"课程周的设立与活动

1. 课程周活动举行两期,分别在"金色十月""灿烂五月",每位教师根据学科素养及学生能力的提高,分三个学习周期,五、六年级第一周、三、四年级第二周、一、二年级第三周,每周课程有两个年级的教师共同开设 12 门不同种类的特色活动课程,走出课本,把学习与实践相结合,提高孩子的各种能力。美术类活动课程有如下:衍纸创想、纸杯纸盘画、吸管 DIY、世界名画模仿秀、搭建我的小房子、硬币画等。

2. 选课在钉钉平台完成。每门特色课程限定学习人数只有 40 名小学生,每天学生只能选定一天的课程,提前一周完成选课工作。所以可以看出课程设置中,哪些课程是孩子们感兴趣的。

(二)"灵性美术"课程周的评价要求

1. 课程周评价活动我们也通过钉钉平台完成。每名学生将以投票形式选出

本次课程周中最喜欢的三门课程,并在平台中写下学习感受。

2. 每节课学校会把课程周中的作品拍摄下来制作成电子相册,里面包含着孩子们的互相评价,老师的总结评价。电子相册会发到班级群中和校公众号中给家长欣赏。

三、 创设"灵性美术"社团，浓郁美术学习氛围

美术社团活动,是课程教学的延展和深化,不分年级,由兴趣爱好相近的同学组成,通过丰富多彩的社团活动,为学生发展提供广阔的时间与空间。

（一）"灵性社团"的设立与活动

我校成立"小创客美术社团""书法社团""中国画社团"等众多优质的美术学习社团。这些社团每学期初就在全校实行老师和孩子们的双向选择,再由教师利用下午放学后的一小时专门培训,并由这些社团的学生作为主力军代表我校参加活动。

1. "书法社团"教孩子们接触浅近的国学和书法经典作品欣赏,使他们受到中国古代传统文化的熏陶,吟诵《诗经》中的四言诗、《笠翁对韵》《千字文》以及唐诗宋词等,使这些朗朗上口的语言在书法练习中为学生所有,也无形中培养了他们对语言敏锐的感受能力,以及对书法学习初步的审美情趣。书法学习根据年段不同,一至三年级练习硬笔书法,四至六年级练习软笔书法。

2. "小创客美术社团"主要教孩子们以生活中的一些摄影作品为基础,结合所学习的绘画技法,表达一种独特的装饰画艺术,孩子们眼中的美或许是另一个角度,我们不限制他们表达事物的方向,希望能从摄影作品中发现出独特的构图、色彩搭配等运用在自己的作品中。

3. "中国画社团"顾名思义,这个社团是带着孩子们学画中国画,了解中国画的历史,通过了解齐白石、徐悲鸿、朱耷等名家的生活经历结合每个时期的作品进行了解,发现作品中独特之美。通过临摹《芥子园画传》,学习中国画的古韵技法。

（二）"灵性社团"的评价要求

1. 社团的建立是为了更好地促进学生的学习,为保证社团激发学生学习的兴趣,体验成功的喜悦,使学生得到全面的发展,真正成为学校每一个人共同的社团。特制定相应的活动评价标准,主要从活动计划、出勤情况、活动过程、活动效果、活动创新或影响力等维度进行评价,具体评价标准如下。(见表3-3)

表3-3　百花洲小学"灵性社团"活动评价量表

评价项目	分值	评 分 标 准	评分
活动计划	20分	开学初制订好活动计划,有每次活动内容的安排,有活动的负责人。	
出勤情况	20分	开学初上报社团人数,每次活动记录好参加人数,要求按时参加社团活动,不迟到,不早退。	
活动过程	20分	每次活动中学生能够积极参与,教师组织有序,学生满意度高。	
活动效果	20分	能达成开学初确定的目标,形成自己的学习成果,学员通过一学期的学习能够有所提高,能够参与学校的相关活动,向大家进行成果展示交流。	
活动创新或影响	20分	学期结束后学员的成果作品有特色、有创新、有亮点。或是学员的活动在校内外有一定的影响力。	
总体评价			

2. 作品集制作展示。每期孩子们的作品都会收集在自己的作品集内,学期末孩子们再次翻开自己的作品集相互欣赏,总结一学期美术学习的收获,并撰写本学期学习总结报告。报告分以下几部分:学习内容、我的发现、成果收获。

四、推动"灵性实践",拓展美术综合实践空间

美育是熏陶孩子美好心灵的有效途径之一,美术学习的资源无处不在,美术实践的机会无时不有。我校遵循美术学习的特点和规律,重视学生的实践,做活主题整合,拓展实践空间。

（一）"灵性实践"的建设路径

我们认识到学校只有形成特色的拓展课程体系，才能形成学科特色，才能为孩子打开艺术修养之门。于是举全校之力，形成了本校独特的课程体系。

开发"灵性美术"校本课程，以本地得天独厚的优势，开发以"灵性百花"为主题的综合实践课程(见表3-4)，具有充分的现实依据和重要的教育意义。

表3-4　百花洲小学"灵性百花"综合实践课程安排表

五年级	9月	参观梅湖景区朱耷纪念馆，临摹名家作品花鸟中国画。
二年级	11月	参观滕王阁，绘制写生游记。
三年级	12月	走进绳金塔民间文化艺术展。欣赏糖画、竹编手工、马勺文化、剪纸艺术。
四年级	3月	参观扬子洲蔬菜基地，写生蔬果线描画。
一年级	4月	走进菜场，买藜蒿制作植物标本。
六年级	6月	走进高校，与江西师大动漫专业大学生共同学习创意手绘画课程，完成手绘作业。

（二）"灵性实践"的评价标准

"灵性实践"的评价包括老师对学生的评价、学生与学生之间的评价以及参与此次实地考察的家长对孩子们的评价。为此，我们将评价的时间定在实地考察结束之后的汇报交流之时。具体从"参与态度""合作精神""研究成果""收获与反思"四方面进行评价。(见表3-5)

表3-5　百花洲小学"灵性实践"评价表

评价项目	分值	具 体 要 求	评分
参与态度	30	是否愿意参与活动；活动的时间、次数、认真程度(10分)	
		是否认真思考问题，积极动手动脑、主动提出活动设想或建议(10分)	
		认真查找资料、准时完成计划和学习任务(10分)	

评价项目	分值	具　体　要　求	评分
合作精神	30	能在活动中认真倾听同学的观点和意见(10分)	
		能够积极参与小组及班级活动,活动中献计献策(10分)	
		乐于和别人一起分享成果,在小组中主动发挥自己的作用等(10分)	
研究成果	20	能通过学习完成图文并茂的小论文、调查报告或研究笔记(10分)	
		能将自己在实践活动中的感受以手抄报、PPT、手工制作、模型设计等展示(10分)	
收获与反思	20	能够通过自我陈述、小组活动记录来反映自己的想法(10分)	
		能够通过自己的日记、活动征文等形式来反映(10分)	

五、 创办"灵性美术节", 激发美术学习兴趣

美术教学借助节日文化来传承经典,节日文化又促进了美术教学,既丰富了教学的内容,拓展教学生活化,也丰富了学生的精神世界,逐渐树立正确的思想道德观念和价值观,培养民族认同感和归属感。

(一)"灵性美术节"的活动设计

我校围绕着传统节日开展了系列主题活动。中秋节是"桂花赏月会",手绘漂亮的碗盘来展示中秋佳品月饼,春节是"写对联、送祝福"、清明节有"制作菊花"活动,端午节是"我的端午小报"设计制作。系列活动既弘扬了中华优秀传统文化,又让学生在一个个节日当中,激发了学习兴趣。除了弘扬传统节庆文化,我校还充分利用省市区级艺术节日来丰富学生的美术生活。四月份市级艺术节活动,学生开展儿童画、中国画、书法、篆刻、摄影等形式的主题创作,十月份是读书节,开展系列读书及制作手绘书本。不同的专项活动让学生沉醉在美术学习氛围中。

1. 清明情思。清明节的"文明祭扫"活动。以班级为单位，利用美术课，在美术教师的指导下，组织学生制作手工花束、抒写感言寄语等，开展祭英烈活动。同时带领部分学生前往革命烈士纪念馆，寄托感恩怀念之情。

2. 端午小报。端午节的"我的端午小报"活动，各班开展"我们的节日——端午"专题活动，通过活动让学生了解当地特有的民俗特色，认识端午、喜爱端午、过好端午，在感受传统文化氛围的同时，接受爱国主义教育、民族团结教育和传统美德教育。在此基础上 1—6 年级每班完成一份以"走进端午，传承文化"为主题的手抄报。

3. 中秋赏月。"桂花赏月会"在每年的中秋前夕，开展"佳节读月"主题阅读、"佳节忆月"交流展示、"佳节赏月"实践活动、"佳节思月"交流汇报系列活动。围绕着读书，交流，让学生在活动中感受到中秋的氛围，此活动中教师利用美术课时间带领学生手绘纸盘和纸碗，让学生在赏圆月、品月饼活动中可以用上纸盘纸碗。

4. 春节送福。每年过年的"写对联，送祝福"活动，我们在学校门口举办一年一度的"为市民义写春联"活动。十几张桌子一字排开，这些小小的书法爱好者一起挥毫泼墨，为居民写春联，送去新年的祝福。

5. "艺术节"与"读书节"。四月份的"艺术节"，各年级以年级为单位，围绕着本次艺术节的主题，让我校学生进行儿童画、中国画、书法、篆刻、摄影等形式的主题创作。每年下半年"读书节"，则专门请作家来校为喜爱写作的同学演讲，签名售书，请每个家庭完成一本绘本制作，把你最喜欢的故事、成语等通过绘本形式制作。并举办年级的读书交流会，展示自己制作的绘本。

（二）"灵性美术节"的评价要求

"灵性美术节"的设立，旨在让学生感受传统文化的魅力，激发学生艺术的热情，使学校的美育校园建设活动走向深入。我们不仅有活动，而且制定相关活动评价标准。主要从现场准备工作、活动内容与主题联系、活动吸引力、现场情况、组织情况、收尾工作等方面进行评价。(见表 3－6)

表3-6 百花洲小学"灵性美术节"评价表

活动名称			总分		
活动时间		活动地点		填表时间	
活动过程(100分)	评分项目及分值	评分标准		评分	
	现场准备工作(10分)	1. 活动前准备完善,相关器材齐全。 2. 活动前准备不完善,相关器材不齐全。			
	活动内容与主题联系(20分)	1. 活动紧紧围绕主题,契合策划内容。 2. 活动大体围绕主题,契合策划内容。 3. 活动偏离主题,与策划内容不契合。			
	活动吸引力(10分)	1. 活动能吸引广大人员积极参与。 2. 活动能吸引小部分人员参与。 3. 活动仅能吸引"参与人"参与			
	现场情况(20分)	1. 大部分观众积极融入活动中。 2. 部分观众积极参与。 3. 互动活动少。			
活动过程(70分)	组织情况(20分)	1. 组织井井有条,现场秩序良好。 2. 组织一般,场面有混乱但可正常进行。 3. 活动无秩序,场面混乱。			
	收尾工作(20分)	1. 活动结束后,保持场地整洁。 2. 活动结束后,打扫不彻底,留有部分垃圾。 3. 活动结束后,未进行收尾工作,场地凌乱。			

总之,"灵性美术"到处都体现着自然,体现着生活。生活是千姿百态,自然是变化无穷,"灵性美术"也是丰富多彩。我们的课程改革,如暖阳,如和风。我们的学生在自然和生活中体会花儿的开放,鸟儿的歌唱,江河的奔腾,高山的耸立,他们通过美术活动净化心灵,陶冶情操,遇到更美好的自己。

第四章

汇于开放
一种语言就是一种眼光

语言是存在的家，不同的语言承载着不同的文化、历史、风俗习惯和风土人情。 语言是一把钥匙，一把让儿童打开民族界限、地域藩篱、文化差异的钥匙。 对于儿童来说，认识、了解、学习一门语言，就是在认识、了解、学习一种文化、历史、风俗习惯和风土人情。这样的过程绝不只是知识的累积和经验的叠加，更是思维的发展和眼界的打开。 儿童凭借语言这把钥匙，用世界的眼光看世界。 于是，世界成为儿童的世界，儿童也成了世界的儿童。

语言是工具,但同时蕴含着思维,承载着文化。对于中国儿童来说,英语是母语之外的语言。因此,英语学习除掌握英语知识和技能,提高语言实际运用能力这一基础目标以外,还承载着拓展视野、丰富经历、开发思维、发展个性和提高素养的作用,更是儿童了解英语文化的凭借。百花洲小学围绕"4C"(以 Concentration 专注能力、Cooperation 合作能力、Creativity 创新能力、Communication 交际能力),积极构建"悦动英语"课程。首先,打造"专注课堂",结合小学生的年龄特点,设置形式多样的课程,激发学生的专注力,调动学生的多种感官,让学生通过玩一玩、练一练、听一听、看一看,探索并学会知识。其次,拓展"课外阅读",积极引导学生广泛地涉猎富有意义与价值的课外语言学习,通过"快乐阅读""自主阅读""合作阅读""分享阅读"等课程,拓展学生英语视野,同时培养团结、合作等能力。再次,设立"风采秀",把英语内容生活化、故事化,搭建展示平台让学生去参与探索,让学生在活动中理解语言、感悟语言、习得语言,激发学生求知欲和创新力。最后,建立"文化体验社团",创造机会给学生搭建适合他们接触、理解与运用语言的机会和场所,鼓励和引导学生在看、听、说、用等多元化语言环境中提升英语能力。

➡ 悦动英语
让儿童走进快乐世界

百花洲小学从三年级起开设英语课程,现有英语专职教师 4 人,其中获中小学一级职称 1 人,中小学二级职称 3 人。这支由四个人组成的小团队在百花洲小学这所以人为本,求真务实,办学一流的学校里工作、学习、生活,随着时间的磨练逐渐成长起来,成为一支专业素质高,教学经验丰富,深爱学生喜爱的教师队伍。此外,我们在课题研究、教学竞赛、学术论文、指导学生比赛获奖等方面也取得骄人的成绩,曾获南昌市首届教师英语才艺比赛特等奖。老师们都秉持以"面向全体学生,重视语言学习的实践性和应用性"课程理念,围绕学校提倡的"百花洲上百花开"课程理念来发挥团队合力，针对不同年级的学生，借助阶梯状课程，让学生快乐地学习英语。

第一节 英语是儿童看世界的眼睛

一、 学科性质观

《义务教育英语课程标准(2011年版)》前言中指出：学习英语有利于青少年更好地了解世界，传播中国文化；能帮助青少年形成开放、包容的性格，发展跨文化交流的意识与能力，形成正确的人生观、价值观和良好的人文素养。英语作为全球使用最广泛的语言之一，已成为国际交往和文化科技交流的重要工具，成为中国了解世界和世界了解中国的桥梁。青少年肩负着未来发展的重任，学习英语可以更好地帮助他们了解世界，学习先进的科学文化知识，促进思维发展，丰富认知方式，传播中国文化，增进他们与各国青少年的相互沟通和理解，为升学、接受职业教育以及就业等奠定有力的发展基础。我们充分利用各种传统的、现代化的教学媒体，采用多种形式的教学手段，同时当好一个设计者、组织者、鼓励者、参与者和评价者。通过小学英语课程的教学，既实现了培养学生综合语言能力的目标，又培养了学生积极的情感和健全的人格，真正做到把语言教学和社会需要相结合，提高语言教学的意义和功能。

二、 学科课程理念

基于我校"百花洲上百花开"的课程理念和培养"和合、雅美、践行"的育人目标，根据英语学科的特点，我校英语组经过反复研讨，合力创制出以 Concentration 专注能力、Cooperation 合作能力、Creativity 创新能力、Communication 交际能力为主的"悦动英语"课程，即让学生在英语学习过程中获得快乐，并带着快乐的心情行动起来，体验更多英语活动。

1. 专注能力(Concentration)。专注是人在清醒状态下的心理活动，对一定对象的指向和集中，专注力对于学生的学习和教师的教学具有十分重要的作用。由于小学生活泼好动,专注力持续时间短,自制力较差。因此结合小学生的年龄特点,我们设置了形式多样的"跳动词卡""头脑风暴"等课程,通过课程让学生在活动中快乐地习得,同时激发学生的专注力,调动学生的多种感官,让学生通过玩一玩、练一练、听一听、看一看探索并学会知识。

2. 合作能力(Cooperation)。除去常规课本内容,积极引导学生广泛地涉猎富有意义与价值的课外语言学习,根据年级的不同分别设置"快乐阅读""自主阅读""合作阅读""分享阅读"。通过阅读英语绘本来拓展英文视野。考虑到我校学生英语阅读能力的差异,有部分学生不能独立完成阅读。结合我校"互学互助"办学特色,让师傅带着徒弟,徒弟跟着师傅一起阅读;同时还设置"英文课本剧""英文小剧场"课程,学生们以共同合作的方式来完成课程任务,培养他们团结、合作等能力。

3. 创新能力(Creativity)。在小学英语教学中,教师应当树立"以创新精神为核心"的观念,引导、鼓励学生标新立异,培养学生思维的多向性和创造性的个性品质。老师创造条件让学生去参与探索,大胆创新,比如:经典动画配音,通过给喜爱的动画电影人物配音的方式,提高孩子的语言表达创新力;把英语内容生活化、故事化,激发学生的求知欲和创新意识,让学生在活动中理解语言、感悟语言、习得语言。

4. 交际能力(Communication)。语言的社会功能是语言最本质的功能。因此语言的运用在交际实践中会有更好的效果。通过交际活动,学生掌握英语,形成应用英语的能力。如果老师给学生创设较多的运用语言进行交际的机会,必须提供学生一个互动化的语言环境。老师创设某个情境,将会话生活化,让学生按某个话题自由地说英语,鼓励他们多说,不要怕说错。比如大型互动"跳蚤市场""节日派对",让学生走出课堂,通过真实的生活环境进行语言交际实践,最真实的环境带来最真实的交际,学生在欢快、愉悦的氛围中体验英语活动,同时感受西方的文化,通过活动让学生获得交流的真切感、满足感和成功感。

通过"悦动英语"课程的设置,我们对课程重新梳理,针对不同年级的学生,借助阶梯状课程来加强英语的实用性,通过活动让学生在英语的学习中获得快乐,并潜移默化地培养学生专注、合作、创新、交际能力,从而使教学适应新形势,促进新发展。

第二节　让儿童享受英语的愉悦

《义务教育英语课程标准(2011年版)》指出,义务教育阶段英语课程的总目标是：通过英语学习使学生形成初步的综合语言运用能力,促进心智发展,提高综合人文素养。综合语言运用能力的形成建立在语言技能、语言知识、情感态度、学习策略和文化意识等方面整体发展的基础之上。语言技能和语言知识是综合语言运用能力的基础;文化意识有利于正确地理解语言和得体地使用语言;有效的学习策略有利于提高学习效率和发展自主学习能力;积极的情感态度有利于促进学生主动学习和持续发展。这五个方面相辅相成,共同促进综合语言运用能力的形成与发展。

基于核心素养对学生的不同维度的要求,我校英语组以学生为本,以提高学生语言运用能力和发展学生的思维能力为指导思想,创设"悦动英语"课程群,通过课程设置让学生愉悦动感地学英语,同时培养学生的综合语言运用能力,即从语言知识语言技能、学习策略、文化意识、情感态度和学习策略五个目标来分层实现。

一、　学科课程总体目标

依据《义务教育语文课程标准(2011年版)》的要求,并结合我校英语学科课程理念,确立"悦动英语"学科总体目标如下。

1. 语言技能。语言技能是语言运用能力的重要组成部分,主要包括听、说、读、写等方面技能的综合运用。小学阶段学生应达到：能根据指令做事情,能学唱英语儿童歌曲和歌谣15到30首,能够运用最常用的日常用语进行口头表达,并且做到发音清楚,语调基本达意。能在教师的指导下用英语做游戏并在游戏中进行简单的交际,并且在教师的帮助和图片的提示下描述或讲述简单的小故事。能够看图识词,能模仿范例写句子,并且在书写过程中,正确地使用大小写字母和常用的标点符号。能简单写出问候语和祝福语,并且能根据图片,词语或例句的提示,写出简短的语句。

2. 语言知识。学习者在小学义务教育阶段应该学习和掌握的英语语言基础知识包括语音、词汇、语法以及用于表达常见话题和功能的语言形式。小学阶段学生应达到：学生在一至六年级的学习过程中能够正确读出 26 个英文字母，了解简单的拼读规则，了解单词有重音，句子有重读，了解英语语音包括连读、语调、节奏、停顿等的目标。在日常会话中做到语音、语调基本正确、自然、流畅，并根据重音和语调而变化。词汇方面，在知道单词由哪些词汇构成的基础上，并能根据单词的音、义、形来学习词汇。初步掌握运用 400 个左右的单词来表达二级规定的相应话题。学习者在语法功能话题方面，达到理解和运用某些语言表达形式来表达的能力，并且在实际运用中体会语法项目的表意功能。理解和运用有关下列功能语言表达形式：问候、介绍、告别、请求、邀请、致谢、道歉、个人情况、家庭与朋友、身体与健康等。

3. 情感态度。保持学习者积极地学习态度是英语学习成功的关键。教师应在教学中不断激发并强化学生的学习兴趣。小学阶段学生应达到：在英语学习中，能够体会到英语学习的乐趣。敢于开口，表达中不怕出错误。乐于感知并积极尝试使用英语，积极参与各种课堂学习活动。在小组活动中能与其他同学积极配合和合作。遇到困难时能大胆求助，并且接触外国文化，增强祖国意识。

4. 学习策略。在英语教学中，教师要有意识地帮助学生形成自己的学习策略。小学阶段学生应达到：积极与他人合作，共同完成学习任务。遇到问题主动向老师或者同学请教；会制订简单的英语学习计划，并且对所学内容能主动复习和归纳。在词语与相应事物之间建立联想。在学习中集中注意力，并且在课堂交流中，注意倾听，积极思考。尝试阅读英语故事及其他英语读物。

5. 文化意识。语言学习与文化意识的形成是相辅相成的。小学阶段学生应达到：知道英语中最简单的称谓语，问候语和告别语。对一般的赞扬、请求、道歉等作出适当的反应。知道世界上主要的文娱和体育活动。知道英语国家中典型的食品和饮料的名称。知道主要英语国家的首都、国旗、重要标志物等。了解英语国家中的重要节日。最终使学习者在学习和日常生活中，能初步注意中外文化差异。

二、 学科课程年级目标

基于以上目标,依托"悦动英语"学科课程理念,来逐步实现对语言综合运用能力培养的总目标。我校三到六年级具体分类目标如下。

（一）三年级上学期

1. 自然拼读：能够根据每个字母发音规律进行简单的单词自然拼读,并且能够找出单词中的拼读规律加以熟记,达到看到单词能够进行简单拼读的目标。

2. 快乐阅读：喜欢阅读,能够感受英文阅读的乐趣,并且能够主动性阅读,从英文绘本中获得兴趣。

（二）三年级下学期

1. 英文歌谣：喜欢听英文歌谣,并且能够感受英文歌谣带来的律动感,从英文歌谣中习得部分英文课外单词,从中获取成就感,能够学会唱几首简单的英文歌谣。

2. 角色扮演：喜欢课本中的角色,并乐于参与角色扮演的活动。能够根据所学知识,把课本中的情景,分角色扮演出来。

（三）四年级上学期

1. 跳动词卡：对英文单词保持兴趣,能够在一些词卡游戏当中巩固并强化单词记忆,能够通过跳动词卡活动提高记忆单词的兴趣和扩大一些课外词汇。

2. 自主阅读：喜欢英文阅读,在保持英文阅读兴趣的基础上自主自觉地阅读英文绘本,把阅读英文绘本当作每日英文学习的兴趣之一。

（四）四年级下学期

1. 英文课本剧：让学生用表演课本剧的方式来操练并展示自己的英语,把演、编、说有效地结合起来,通过学生表演来达到提高英语口语,展示自己英语的机会。

2. 美句欣赏：有搜集英文美句的能力,可通过课外书本或互联网搜集到一些优美的英文句式,并能模仿美句发音,能积极与大家分享鉴赏。通过学习美句能一定程度提高学生的英语口语能力,扩充课外知识。

(五) 五年级上学期

1. 超级词霸:通过前两年的单词积累,进一步加强单词记忆,通过比赛的形式积累更多课外英文词汇。

2. 合作阅读:有了快乐阅读和自主阅读的基础上,学会与同学一起合作阅读,通过与同学之间的交流和分工合作,从而达到更好的阅读效果。

(六) 五年级下学期

1. 趣配音:通过一些非常经典的英文电影或动画桥段,用配音的方式还原电影和动画桥段,增加更多的英语兴趣。

2. 节日派对:利用每一个有特色的外国节日,与学生举办节日派对,达到在实际情景中操练英语的目标。

(七) 六年级上学期

1. 头脑风暴:通过一些已学习的话题开展头脑风暴,进而达到善用英文的目标。

2. 分享阅读:在快乐阅读、自主阅读、合作阅读的基础上,能够大胆上台来分享自己的阅读收获。

(八) 六年级下学期

1. 英文小剧场:有了角色扮演的基础,要求学生能够对于课本内容进行简单的改编,并与同伴合作演出来。

2. 跳蚤市场:开展跳蚤市场的活动,学生可带自己的旧物在创设的情景当中来进行一次英文交流,使学生可以回顾到很多所学英文知识,做到学以致用。

第三节　徜徉在多彩的英语王国

我校"悦动英语"课程立足学校"和合、雅美、践行"的总体育人目标，结合英语学科的特点和学生的年龄特点，从三到六年级呈"阶梯状"开设 8 门课程，让学生充分徜徉在多彩的英语王国里。

一、学科课程结构

英语课程的学习，既是学生通过英语学习和实践活动，逐步掌握英语知识和技能，提高语言实际运用能力的过程；又是他们磨砺意志、陶冶情操、拓展视野、丰富生活经历、开发思维能力、发展个性和提高人文素养的过程。我校"悦动英语"从听说读写、学习实践出发，分为词汇大积累、阅读大不同、风采展示秀、文化亲体验四个板块进行建构。(见图4-1)

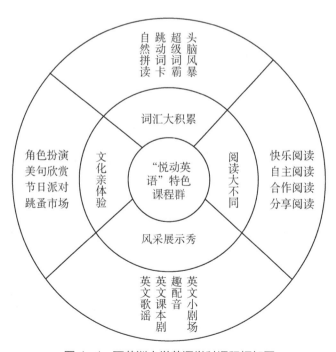

图4-1　百花洲小学英语学科课程框架图

二、"悦动英语"课程设置

通过对课程的重新梳理,针对不同年级的学生,教师通过创设快乐、轻松、和谐的学习氛围,利用听、说、读、写、玩、演、视、听、做等教学手段,充分利用资源和不同的教学手段进行英语教学。除了基础课程之外,还设置了拓展性课程。(见表4-1)

表4-1　百花洲小学英语学科拓展性课程设置表

年级＼类别	词汇大积累	阅读大不同	风采展示秀	文化亲体验
三年级上学期	自然拼读	快乐阅读		
三年级下学期			英文歌谣	角色扮演
四年级上学期	跳动词卡	自主阅读		
四年级下学期			英文课本剧	美句欣赏
五年级上学期	超级词霸	合作阅读		
五年级下学期			趣配音	节日派对
六年级上学期	头脑风暴	分享阅读		
六年级下学期			英文小剧场	跳蚤市场

在设置拓展课程时,我们充分考虑到年级性、连贯性、一致性,设置了"词汇大积累""阅读大不同""风采展示秀""文化亲体验"四个主题,每个主题都根据各年级的学生特点及学情,有梯度、有坡度进行课程设置。

第四节　看到另一个斑斓的世界

我们的"悦动英语"课程,是让孩子在掌握英语知识和技能外,又为他们搭建拓展视野、丰富经历、开发思维、发展个性、提高素养的多种平台,让孩子通过理解英语、感悟英语、习得英语的学习,打开另一扇窗户,看到另一个色彩斑斓的世界。

一、打造"专注课堂"，推进学科课程实施

专注是人在清醒状态下的心理活动,对一定对象的指向和集中,专注力对于学生的学习和教师的教学具有十分重要的作用。由于小学生活泼好动,专注力持续时间短,自制力较差。因此结合小学生的年龄特点,我们设置了形式多样的课程,激发学生的专注力,调动学生的多种感官,让学生通过玩一玩、练一练、听一听、看一看,探索并学会知识。

这一板块设置了自然拼读、跳动词卡、超级词霸、头脑风暴等四种词汇大比拼课程,活动设计如下。

1. 自然拼读。三年级刚开始接触英语,通过学习字母和老师潜移默化的自然拼读,让孩子刚开始学习英语就有一个很好的拼读习惯;老师可以打乱给出字母,学生分组进行拼读竞赛,拼读出最多的单词者获胜;根据单词的发音特点,把一些单词编成儿歌或者顺口溜,读起来朗朗上口,记起来也比较容易;借助网络资源,找些与字母相关的视频,有声绘本等,来帮助学生进行发音练习。

2. 跳动词卡。老师把课本中所有的单词分类整理成词卡一套,也可以用 PPT 的形式来呈现,每天利用早读时间做词卡游戏,如:抢读单词、What's missing?、单词归类等游戏,通过这些游戏让孩子增加英语的单词量,老师也根据学生的参与度和获胜情况来进行评定。

3. 超级词霸。利用早读的时间或者课堂当中的十分钟进行单词 pk,内容为所学单词以及部分未学习的新词,两两比赛。老师中英文混合报,学生快速抢答。

4. 头脑风暴。开展头脑风暴活动,激活学生的相关话题词汇,构建词汇图式。老师将全班分为若干组(3—6 组为宜),提出某一话题,给学生 2 分钟时间思考这一话题下的词汇。(如: means of transport 之下包括 car, bicycle, scooter, coach 等)。每组轮流说一个单词,教师将单词写在黑板上,如果其中一组无法提出新的单词,则出局,坚持到最后的小组获胜。

具体评价标准见表。(见表 4 - 2)

表4-2　百花洲小学"专注课堂"的评价表

形式	评价内容	评价标准	评价等级
特色性评价	1. 自然拼读 2. 跳动词卡 3. 超级词霸 4. 头脑风暴	1. 课堂纪律良好,认真听讲,积极发言。 2. 教学环节中实行竞争机制,通过各种活动形式,提高专注力。	每月统计一次,以 A/B/C/D 为等级标准。设置"纪律之星""参与之星""合作之星""专注之星"等奖项,对表现好的学生给予奖励。
		1. 按时完成听读训练,每周至少 3 次。 2. 按时完成口语训练,每周至少 1 句。 3. 按时完成拓展训练,每周至少 1 次。	期末统计,以听读表为标准,每完成一次获得一颗星。全部完成,评 A。完成一半的,评 B。完成 1/3 的,评 C。基本没完成的,评 D。

二、 倡导"合作学习",培养良好的英语学习习惯

除去常规课本内容,积极引导学生广泛地涉猎富有意义与价值的课外语言学习,根据年级的不同分别设置了"快乐阅读""自主阅读""合作阅读""分享阅读"。通过阅读英语绘本来拓展英文视野。结合我校"互学互助"的特色,考虑到有部分学生英语阅读能力差,不能独立完成阅读,充分运用"互学互助"的方式,让师傅带着徒弟,徒弟跟着师傅一起阅读,体现了"互学互助"办学特色;同时还设置了"英文课本剧""英文小剧场",这些活动都需要学生共同合作才能完成,这些课程设置培养了学生团结、合作等能力。

这一板块分年级设置了快乐阅读、自主阅读、合作阅读、分享阅读四种阅读大不同课程,活动设计如下。

1. 快乐阅读。三年级的词汇积累还不多,老师可以找些课外简单的绘本内容,比如句型反复出现的绘本故事,学生可以在阅读的过程中自然而然将句型记住;找一些学生耳熟能详的,适合他们的儿童绘本故事,培养学生根据情节猜测大意的能力;找一些情节能引人入胜的绘本故事,激发孩子不断阅读下去的欲望,通过这样来扩充学生的知识,打开学生的视野。

2. 自主阅读。统一一套自主阅读绘本,利用课余时间或早读时间让学生自主阅读,阅读后分享自己的读书心得。老师们会组织学生进行绘本故事竞赛,也可以小组的形式进行绘本故事表演,老师根据表现来评选出"阅读小能手""英语故事大王""Super star"等奖项。

3. 合作阅读。每人准备一本阅读绘本,以小组的形式,共读一本绘本。可以和同学结伴阅读,互相分工查阅生词并且做好记录,利用每节课的部分时间进行阅读分享,说说你认识了哪些新词,试着读读看。

4. 分享阅读。英语课外阅读是英语课堂教学的重要补充。首先教师根据学生水平推荐阅读书目,要求学生在阅读过程中摘抄有用的词句或知识性内容,所摘抄的笔记要做到经常翻阅,学以致用;学生可相互交换阅读资料并讨论、分享阅读中的乐趣,每月底进行一次"What I learned from the book"交流会。

具体评价标准见表。(见表 4-3)

表 4-3 百花洲小学英语"合作学习"的评价表

形式	评价内容	评价标准与等级
特色性评价	1. 快乐阅读 2. 自主阅读 3. 合作阅读 4. 分享阅读	A 档:展示时语音语调标准,表述自然流畅 B 档:展示时语音语调较标准,表述较流畅 C 档:展示时语音语调不标准,表述不流畅 D 档:展示时语音语调极不标准,表述极不流畅
		1. 每周按时完成,评 A 2. 完成一半的,评 B 3. 完成 1/3 的,评 C 4. 基本没有完成的,评 D(期末依据听读表作统计)
		1. 每月积极协作,参与策划,认真准备,精心设计,评 A 2. 积极准备,内容还不够丰富、流程有待完善,评 B 3. 消极怠工,应付了事的,评 C/D
奖项		每个年级确定比赛内容,并根据比赛成绩分为一、二、三等奖,设置"阅读小能手""英语故事大王"等奖项,对表现好的学生给予奖励。

三、 设立"风采秀"，激发学生英语学习兴趣

（一）"风采秀"的基本要求

在小学英语教学中，教师应当树立"以创新精神为核心"的观念，引导、鼓励学生标新立异，培养学生思维的多向性和创造性的个性品质。老师创造条件让学生去参与探索，大胆创新，比如：经典动画配音，大家通过给非常喜爱的动画电影人物角色配音，提高孩子的语言表达创新力；把英语内容生活化、故事化，激发学生的求知欲和创新意识，让学生在活动中理解语言、感悟语言、习得语言。

（二）"风采秀"的实施

这一板块设置英文歌谣、英文课本剧、趣配音、英文小剧场四种风采展示秀课程，活动设计如下。

1. 英文歌谣。模仿孩子们最喜欢的流行歌曲来促进语言技巧，歌词是交流性的语言，重复的词汇和语法结构，用低于口语的速度吟唱，是语言练习技巧的绝佳方法，老师通过网络资源找到相关的歌曲或者背景音乐，利用课本上原有的很多歌谣，举行歌谣创编比赛，可以个人或小组合作的方式来比赛，比比谁创编得更有创意，配上音乐吟唱起来更朗朗上口，记忆深刻。

2. 英文课本剧。内容以书本上的对话内容为主，学生以小组的形式合作，选定内容，然后用角色扮演的形式表演出来，在能力范围内对对话内容进行改编再创造，老师根据学生的英语口语、表演水平等进行打分或评比。

3. 趣配音。学生下载英语趣配音的 app，选择适合自己难度的英语配音片段，在家里练习配音游戏，或者选择一段最喜欢的电影桥段进行配音练习。利用早读的时间与大家分享你的趣配音，并说说感受给自己打分。

4. 英文小剧场。为培养学生学习英语的兴趣，激发他们学习的积极性，开设了英文小剧场活动。自由分组，可自己找剧本，也可以用老师的剧本，利用课余时间背台词、排练，最后进行汇报演出，评出一、二、三等奖。

具体评价标准见表。(见表 4 - 4)

表4-4 百花洲小学英语"风采秀"的评价表

形式	评价内容	评价标准及等级
特色性评价	1. 英文歌谣 2. 课本剧 3. 英文配音 4. 英文小剧场	A档：展示时语音语调标准，表述自然流畅，整体有2处以内错误。 B档：展示时语音语调较标准，表述较流畅，整体有3—5处错误。 C档：展示时语音语调不标准，表述不流畅，整体有5—8处错误。 D档：展示时语音语调极不标准，表述极不流畅，整体有8处以上错误。
特色性评价	仪态及表演方面	A档：学生仪态落落大方，吐词清楚，声音洪亮，表演动作到位。 B档：学生仪态较好，能吐词清楚，表演动作基本到位。 C档：学生仪态较好，吐词结巴不流利，且表演动作没到位。 D档：学生仪态不太好，不能完整地表述清楚，且表演动作没到位。
奖项	每个年级确定比赛内容，并根据比赛成绩分为一、二、三等奖，设置"Super star""最佳创意奖""最佳潜质奖"等奖项，对表现好的学生给予奖励。	

四、 建立"文化体验社团"，享受英语学习的快乐

英语社团活动，是课程教学的延展和深化，不分年级，由兴趣爱好相近的同学组成，通过丰富多彩的社团活动，为学生发展提供广阔的时间与空间。

语言的社会功能是语言最本质的功能。因此语言的运用在交际实践中会有更好的效果。通过交际活动，学生掌握英语，形成应用英语的能力。如果老师给学生创设较多的运用语言进行交际的机会，必须提供学生一个互动化的语言环境。老师创设某个情境，将会话生活化，让学生按某个话题自由地说英语，鼓励他们多说，不要怕说错；比如大型互动"跳蚤市场""节日派对"，让学生走出课堂，通过真实的生活环境进行语言交际实践，最真实的环境带来最真实的交际，同时感受西方的文化，通过活动让学生获得交流的真切感、满足感和成功感。

设置角色扮演、美句欣赏、节日派对、跳蚤市场四种文化亲体验课程,活动设计如下。

1. 角色扮演。为学生尽量创造真实的情境,提供简单有故事情节的小故事,或以课本上的 Story time 的内容为主,通过提问、介绍、说明、讨论、解释等方式,让学生做好充分准备,然后根据实际情况自由搭配选择角色,教师预先分配角色等不同方式展开,表演要求全员参与,不苛求完美,最后统一反馈总结,力求保留孩子的自信心与创造力,让孩子把学到的英语知识能运用到实际生活中去。

2. 美句欣赏。学生准备一本小本子,搜集一些课外英文美句,并与同学们分享你的美句,说说它的含义。举办一个模仿大赛,比比谁说的美句又流利又标准,根据学生的表现给予评定,评出“模仿小达人”。

3. 节日派对。根据本学期的西方节日制订计划,与学生一起商讨出详细的节日计划,包括节日的由来,在这一天我们需要做哪些事情等。拿出至少半节课的时间与大家分享你所查阅的知识,并学习相关的节日用语。节日派对常见的种类有生日聚会(Birthday party),宴会(Dinner party),复活节派对(Easter party),等等。节日到来之前的一周,孩子们开始准备 party。比如说复活节,孩子们准备各式各样的复活节彩蛋(Easter eggs),复活节兔子(Easter bunny),在派对上开展滚彩蛋及找彩蛋活动。让孩子们自己体验西方的文化。

4. 跳蚤市场。为学生创设说英语的环境,培养学生学习英语的兴趣,主动参与活动和与人交往的能力,提升其英语日常交际水平,增进学生之间的感情与交流,让同学们在物物交换中了解生活,了解人生,熟练地使用英文交流。各班设置一个摊位,各班级的铺面充分发挥学生的自主性和创造性,每班为自己的摊位设计一块广告牌(全英文展示),广告牌内容有店铺名、班级名和标语,每个摊位环境尽显班级文化和特色,培训好 6—8 名导购和售货员,布置好售货展台。活动结束,将评选“最佳摊位”“最佳营业员”若干。活动结束后,老师指导学生用英文写出收获或感受。

具体评价标准见表。(见表 4 - 5)

表 4-5　百花洲小学"文化体验社团"的评价表

形式	评价内容	评价标准与等级
特色性评价	1. 角色扮演 2. 美句欣赏 3. 节日派对 4. 跳蚤市场	A 档：展示时语音语调标准，表述自然流畅，整体有 2 处以内错误。 B 档：展示时语音语调较标准，表述较流畅，整体有 3—5 处错误。 C 档：展示时语音语调不标准，表述不流畅，整体有 5—8 处错误。 D 档：展示时语音语调极不标准，表述极不流畅，整体有 8 处以上错误。
		1. 积极协作，参与策划，认真准备，精心设计，评 A 2. 积极准备，内容还不够丰富、流程有待完善，评 B 3. 消极怠工，应付了事的，评 C/D
奖项		每个年级确定比赛内容，并根据比赛成绩分为一、二、三等奖，设置"最佳创意奖""最佳营业员""模仿小达人"等奖项，对表现好的学生给予奖励。

第五章

成于智慧
不止于知识和思维

12岁以前的儿童，对世界充满好奇且拥有自己独特的感知，他们总喜欢用眼睛去观察，用耳朵去倾听，用双手去触摸，而不是像成人那样，更多地依靠知识的学习、经验的传递。遵循儿童的身心发展规律，把一个完整的世界呈现在他们面前，让他们在与大自然的花草树木、鸟兽虫鱼、山川河流、风雨雷电的对话中，形成自己对世界的认识与思考，这不仅仅是知识与思维，更是一种智慧。

科学是神奇而丰富的世界,也是属于儿童的世界。百花洲小学的"智探科学",定位于"智",策略是"探",即通过引导学生智慧地观察和勇敢地探究科学世界的奥秘,培养学生善于观察、乐于探究、积极动脑、敢于创新的科学素养。首先,建构"智探科学"课堂,创设喜闻乐见的符合学生认知特点的学习情境,实现实验教学、智慧教学、探索教学。第二,开展各种科学探究活动。在科学活动中进一步激发学生对科学的探究兴趣,提升科学探究的能力,培养健康向上的生活态度和热爱科学的美好情感。第三,推行科学实践课程。科学实践课程是培养小学生科学素质的重要途径,需要教师联系生活实际,合理利用地方资源,巧妙设计科学实践主题,为学生搭建"勤于思考、勇于创新"的平台,为学生的童年播下热爱科学、勇于探究的种子。

➡ 智探科学
做科学世界的小特工

　　南昌市百花洲小学科学组现有教师 8 人,其中小学高级教师 1 人,中小学一级教师 3 人;市科学学科中心组成员 1 人。南昌市百花洲小学科学组秉承"智探科学"的学科理念,充分发挥团队合作的优势,组织开展听课、评课、磨课等教研活动,积极参与各级各类教育教学活动;遵循小学科学教学的规律,让每名孩子在享受智探科学的过程中受益。为了更好地落实教育部《关于全面深化课程改革落实立德树人根本任务的意见》《义务教育科学课程标准(2017 年版)》,我们推进了科学学科课程群建设,效果明显。

第一节　人与自然的智慧交流

一、学科性质观

　　依据《义务教育小学科学课程标准(2017 年版)》,我校"智探科学"课程首先定位为一门学生与自然智慧交流的基础性课程。学生通过学习,能够利用科学方法和科学知识初步回答身边自然现象是什么的问题,同时能够解决生活中的简单问题。其次是一门以探究性活动为主的实践性课程。强调学生乐于探究身边的自然和生活现象,通过亲身经历动手动脑等实践活动,了解科学探究的具体方法和技能,发现和提出简单问题并尝试找到答案或解决问题。最后,定位为一门综合性课程。理解自然现象和解决实际问题常常需要不同领域的知识和方法,我们倡导让学生要结合已学的不同学科知识,如数学、信息技术等学科,灵活运用,锻炼综合运用知识解决问题的能力。

二、 学科课程理念

立足儿童身心发展特点,依据《义务教育小学科学课程标准(2017 年版)》的课程基本理念,以及小学生科学核心素养的具体内容,结合我校科学学科的实际情况,提出以"智探科学"为核心的科学学科理念。

1. "智探科学"课程重视科学世界与学生的和谐关系,保护学生的好奇心和求知欲。把科学知识、科学思想、科学方法巧妙地融进学生欢喜、热爱的场景中,激发学生对科学的兴趣和求知欲。

2. 学生是学习与发展的主体,教师是学习过程的组织者、引导者和促进者。在"智探科学"课程中,教师要突出学生的主体地位,基于学生的认知水平,联系学生已有的知识和经验,充分利用学校、家庭、社区等各种资源,创设良好的学习环境,启发学生积极思维;要重视师生互动和生生互动,体现教学相长。

3. "智探科学"课程倡导以探究式学习为主的多样化学习方式,促进学生主动探究。教师要为学生提供更多可供其选择的学习空间和探究式学习机会,促其亲历科学探究的过程。

第二节 做科学世界的小特工

《义务教育小学科学课程标准(2017 年版)》指出：小学科学课程的总目标是培

养学生的科学素养,并为他们继续学习成为合格公民和终身发展奠定良好的基础。学生通过科学课程的学习保持和发展对自然的好奇心和探究热情;了解与认知水平相适应的科学知识;体验科学探究的基本过程,培养良好的学习习惯,发展科学探究能力;发展学习能力、思维能力、实践能力和创新能力,以及用科学语言与他人交流和沟通的能力;形成尊重事实、乐于探究、与他人合作的科学态度;了解科学、技术、社会和环境的关系,具有创新意识、保护环境的意识和社会责任感。因此,从"全面提高学生的科学素养"这一基本理念出发,把我校科学课程目标体系分为:显性课程目标和隐性课程目标。科学课程显性课程目标分为四部分,包括:"科学知识""科学探究""科学态度""科学、技术、社会与环境"。科学课程的隐性目标则主要是包括六方面:"科学阅读""科学观察""科学体验""科学模型""科学创新"和"科学调查"。

一、 学科课程总体目标

依据《义务教育小学科学课程标准(2017年版)》的要求,并结合我校科学学科课程理念,确立"智探科学"科学学科总体目标如下。

(一) 科学知识总目标

1. 了解物质的基本性质和基本运动形式,认识物体的运动、力的作用、能量、能量的不同形式及其相互转换。

2. 了解生物体的主要特征,知道生物体的生命活动和生命周期;认识人体和健康,以及生物体与环境的相互作用。

3. 了解太阳系和一些星座;认识地球的面貌,了解地球的运动;认识人类与环境的关系,知道地球是人类应当珍惜的家园。

4. 了解技术是人类能力的延伸,技术是改变世界的力量,技术推动着人类社会的发展和文明进程。

(二) 科学探究总目标

1. 了解科学探究是获取科学知识的主要途径,是通过多种方法寻找证据、运用创造性思维和逻辑推理解决问题,并通过评价与交流等方式达成共识的过程。

2. 知道科学探究需要围绕已提出和聚焦的问题设计研究方案,通过搜集和分析信息获取证据,经过推理得出结论,并通过有效表达与他人交流自己的探究结果和观点;能运用科学探究方法解决比较简单的日常生活问题。

3. 初步了解分析、综合、比较、分类、抽象、概括、推理、类比等思维方法,发展学习能力、思维能力、实践能力和创新能力,以及运用科学语言与他人交流和沟通的能力。

4. 初步了解通过科学探究达成共识的科学知识在一定阶段是正确的,但是随着新证据的增加,会不断完善和深入,甚至会发展变化。

（三）科学态度总目标

1. 对自然现象保持好奇心和探究热情,乐于参加观察、实验、制作、调查等科学活动,并能在活动中克服困难,完成预定的任务。

2. 具有基于证据和推理发表自己见解的意识;乐于倾听不同的意见和理解别人的想法,不迷信权威;实事求是,勇于修正与完善自己的观点。

3. 在科学学习中运用批判性思维大胆质疑,善于从不同角度思考问题,追求创新。

4. 在科学探究活动中主动与他人合作,积极参与交流和讨论,尊重他人的情感和态度。

（四）科学、技术、社会与环境总目标

1. 初步了解所学的科学知识在日常生活中的应用。

2. 初步了解人类活动对自然环境、生活条件及社会变迁的影响;了解社会需求是推动科学技术发展的动力;了解科学技术已成为社会与经济发展的重要推动力量。

3. 初步了解在科学技术的研究与应用中,需要考虑伦理和道德的价值取向;热爱自然,珍爱生命,具有保护环境的意识和社会责任感。

（五）科学隐性课程目标

《义务教育小学科学课程标准(2017年版)》指出,科学课程应按照立德树人的要求,培养小学生的科学素养(了解必要的科学技术知识及其对社会与个人的影响,知道基本的科学方法,认识科学本质,树立科学思想,崇尚科学精神,并具备一定的运用它们处理实际问题、参与公共事务的能力),为他们的继续学习和终身发展打好基础,即包括"科学阅读""科学观察""科学体验""科学模型""科学创新"和"科学调查"。

二、 学科课程年段目标

分析各册教材、研读教参、对照课程标准,不难发现不同学段的目标不同。

（一）科学知识学段目标

以下从物质科学、生命科学、地球与宇宙科学、技术与工程四个领域描述科学知识的学段目标。(见表5-1)

（二）科学探究学段目标

从提出问题、作出假设、制订计划、搜集证据、处理信息、得出结论、表达交流、反思评价这八个要素描述科学探究的学段目标。(见表5-2)

（三）科学态度学段目标

以下从探究兴趣、实事求是、追求创新、合作分享四个维度描述科学态度的学段目标。(见表5-3)

（四）科学、技术、社会与环境学段目标

以下从科学技术与日常生活的联系、科学技术与社会发展的联系、人类与自然和谐相处三个方面描述科学、技术、社会与环境的学段目标。(见表5-4)

表 5-1　科学知识学段目标一览表

领域	科学知识学段目标					
	一年级	二年级	三年级	四年级	五年级	六年级
物质科学	观察、描述常见物体的基本特征；辨别生活中常见的材料；知道常见物体的力。	进一步观察、描述常见物体的基本特征；辨别生活中常见的材料；知道常见的力。			测量、描述物体和材料的特征和性能；描述物体的运动，认识力的作用，了解不同形式的能量。	进一步测量、描述物体的特征和材料的性能；描述物体的运动，认识力对物体运动的作用，了解不同形式的能量。
生命科学	认识周边常见的动物和植物，能简单描述其外部主要特征。	进一步认识周边常见的动物和植物，能简单描述其外部主要特征。	初步了解植物体和动物体的主要组成部分，知道生命周期；初步了解动物和植物都能产生后代，使其世代相传；能根据有关特征对生物进行简单分类；初步认识人体的主要生命活动。	进一步了解植物体和动物体的主要组成部分，知道生命周期；初步了解动物和植物都能产生后代，使其世代相传；能根据有关特征对生物进行简单分类；进一步认识人体的主要生命活动。	初步认识人体的主要生命活动和人体健康；初步了解动物与植物之间的相互关系；了解生物的生存条件和生物的多样性。	进一步认识人体的主要生命活动和人体健康；初步了解动物与植物之间的相互关系；了解生物的生存条件和生物的多样性。
地球与宇宙科学	知道与太阳、月球相关的一些自然现象；知道天气、土壤等对植物和人类生活的影响。	进一步知道与太阳、月球相关的一些自然现象；知道天气、土壤等对植物和人类生活的影响。	知道太阳、地球、月球的运动特征，知道它们有关的一些自然现象是有规律的；初步了解地球上大气、水、土壤。	进一步知道太阳、地球、月球的运动特征，知道它们有关的一些自然现象是有规律的；进一步了解地球上大气。	知道太阳、地球、月球及宇宙的基本概况；知道昼夜交替与地球自转和公转有关；初步了解地球。	进一步知道太阳系及宇宙中一些星座的基本概况；知道昼夜交替，四季变化分别与地球自转和公转有关，初步了解地球。

续表

领域	一年级	二年级	三年级	四年级	五年级	六年级
科学知识学段目标						
			岩石的基本状况；初步认识大自然为人类生存提供了各种自然资源和能源，以及大自然中的一些自然灾害。	水、土壤、岩石的基本状况；初步认识大自然为人类生存提供了各种自然资源和能源，以及大自然中的一些自然灾害。	上一些与大气运动、水循环运动有关的成因；认识人类与自然资源和能源的关系，知道地球是人类应当珍惜的家园。	了解地球上一些与大气运动、水循环、地壳运动有关的成因；认识人类与自然资源和能源的关系，知道地球是人类应当珍惜的家园。
技术与工程	认识身边的人工世界；了解常见的工具，知道简单工具的功能和使用方法；利用身边的材料和简单工具动手制作加工的材料和简单工具动手完成简单的任务。	进一步认识身边的人工世界；了解常见的工具，知道简单工具的功能和使用方法；利用身边的材料可制作加工的材料和简单工具动手完成简单的任务。	知道人工世界是设计和制造出来的；意识到使用工具可以更加精确、便利、快捷；知道工程设计包括一系列步骤，完成一项工程设计需要分工与合作，需要考虑很多因素，任何设计都受到一定的条件作制约。	进一步知道人工世界是设计和制造出来的；意识到可以更加精确、便利、快捷；知道工程设计包括一系列步骤，完成一项工程设计需要分工合作，需要考虑多因素，任何设计都受到一定条件制约。	了解技术是人们改造周围环境的方法，是人类能力的延伸，工程是依据科学原理设计和制造物品，解决问题、创造丰富多彩的人工世界的一系列活动；了解科学技术推动着人类社会的发展和文明进程。	进一步了解技术是人们改造周围环境的方法，是人类能力的延伸，工程是依据科学原理设计和制造物品，解决难题，创造丰富多彩的人工世界的一系列活动；了解科学技术推动着人类社会和文明进程的发展。

表5-2 科学探究学段目标一览表

要素		一年级	二年级	三年级	四年级	五年级	六年级
				科学探究学段目标			
提出问题		在教师指导下，能从具体现象与事物的观察、比较中提出感兴趣的问题。	进一步在教师指导下，能从具体现象与事物的观察、比较中提出感兴趣的问题。	在教师引导下，能从具体现象与事物的观察、比较中，提出可探究的科学问题。	进一步在教师引导下，能从具体现象与事物的观察、比较中，提出可探究的科学问题。	能基于所学的知识，从事物的结构、功能、变化及相互关系等角度提出可探究的科学问题。	进一步基于所学的知识，从事物的结构、功能、变化及相互关系等角度提出可探究的科学问题。
作出假设		在教师指导下，能依据已有的经验，对问题作出简单猜想。	进一步在教师指导下，能依据已有的经验，对问题作出简单猜想。	在教师引导下，能基于已有经验和所学知识，从现象和事件发生的过程、原因等方面提出假设。	进一步在教师引导下，能基于已学知识和经验，从现象和事件发生的过程、条件、原因等方面提出假设。	能基于所学的知识，从事物的结构、功能、变化及相互关系等角度提出有针对性的假设，并能说明假设的依据。	进一步基于所学的知识，从事物的结构、功能、变化及相互关系等角度提出有针对性的假设，并能说明假设的依据。
制订计划		在教师指导下，了解科学探究需要制订计划。	进一步在教师指导下，了解科学探究需要制订计划。	在教师引导下，能基于所学知识，制订简单的探究计划。	进一步在教师引导下，能基于所学知识，制订简单的探究计划。	能基于所学的知识，制订比较完整的探究计划，初步具备实验设计的能力和控制变量的意识，并能设计单一变量的实验方案。	进一步基于所学的知识，制订比较完整的探究计划，初步具备实验设计的能力和控制变量的意识，并能设计单一变量的实验方案。

续　表

科学探究学段目标

要素	一年级	二年级	三年级	四年级	五年级	六年级
搜集证据	在教师指导下，能利用多种感官或者简单的工具，观察对象的外部形态特征及现象。	进一步在教师指导下，能利用多种简单的工具，观察对象的外部形态特征及现象。	在教师引导下，能运用恰当的工具、仪器，观察并描述对象的外部形态特征及现象。	进一步在教师引导下，能运用恰当的工具、仪器，观察并描述对象的外部形态特征及现象。	能基于所学的知识，通过观察、实验、调查、查阅资料、案例分析等方式获取事物的信息。	进一步基于所学的知识，通过观察、实验、调查、查阅资料、案例分析等方式获取事物的信息。
处理信息	在教师指导下，能用语言初步描述信息。	进一步在教师指导下，能用语言初步描述信息。	在教师引导下，能用比较科学的词汇、图示符号、统计图表等方式记录整理信息，陈述证据和结果。	进一步在教师引导下，能用比较科学的词汇、图示符号、统计图表等方式记录整理信息，陈述证据和结果。	能基于所学的知识，用科学语言、概念图、统计图等方式记录表述探究结果。	进一步基于所学的知识，用科学语言、统计图、概念图等方式记录整理信息，表述探究结果。
得出结论	在教师指导下，能运用观察与描述、比较与分类等方法得出结论的意识。	进一步在教师指导下，能运用观察与描述、比较、分类等方法得出结论的意识。	在教师引导下，能依据证据运用分析、比较、推理、概括等方法，分析结果，得出结论。	进一步在教师引导下，能依据证据运用分析、比较、概括、推理等方法，分析结果，得出结论。	能基于所学的知识，运用分析、比较、推理、概括等方法得出科学探究的结论，判断结论与假设是否一致。	进一步基于所学的知识，运用分析、比较、推理、概括等方法得出科学探究的结论，判断结论与假设是否一致。

续　表

科学探究学段目标

要素	一年级	二年级	三年级	四年级	五年级	六年级
表达交流	在教师指导下，能简要讲述探究过程与结论，并与同学讨论、交流。	进一步在教师指导下，能简要讲述探究过程与结论，交流。	在教师引导下，能正确讲述自己的探究过程与结论，能倾听别人的意见，并与之交流。	进一步在教师引导下，能正确讲述自己的探究过程与结论，能倾听别人的意见，并与之交流。	能基于所学的知识，采用不同的表述方式，如科学小论文、调查报告等方式，呈现探究的过程与结论；能基于证据质疑并评价别人的探究报告。	进一步基于所学的知识，采用不同的表述方式，如科学小论文、调查报告等方式，呈现探究的过程与结论；能基于证据质疑并评价别人的探究报告。
反思评价	在教师指导下，具有对探究过程、方法和结果进行反思、评价与改进的意识。	进一步在教师指导下，具有对探究过程、方法和结果进行反思、评价、评价与改进的意识。	在教师引导下，对自己的探究过程、方法进行反思，作出评价与调整。	进一步在教师引导下，能对自己的探究过程、方法和结果进行反思，作出自我评价与调整。	能对探究活动进行过程性反思，及时调整，并对探究活动进行总结性评价，完善探究性报告。	进一步对探究活动进行过程性反思，及时调整，并对探究活动进行总结性评价，完善探究性报告。

表5-3　科学态度学段目标一览表

维度	一年级	二年级	三年级	四年级	五年级	六年级
探究兴趣	能在好奇心的驱使下的动植物,对常见的外在特征,生活中的科学现象、自然现象表现出探究兴趣。	进一步在好奇心的驱使下,对常见的动植物和物质的外在特征,生活中的科学现象、自然现象表现出探究兴趣。	能在好奇心的驱使下,表现出对现象和事件发生的条件、过程、原因等方面的探究兴趣。	进一步在好奇心的驱使下,表现出对现象和事件发生的条件、过程、原因等方面的探究兴趣。	表现出对事物的结构、功能,变化及相互关系进行科学探究的兴趣。	进一步表现出对事物的结构、功能,变化及相互关系进行科学探究的兴趣。
实事求是	能如实讲述事实,当发现事实与自己原有的想法不同时,能尊重事实,养成用事实说话的意识。	进一步如实讲述事实,当发现事实与自己原有的想法不同时,能尊重事实,养成用事实说话的意识。	在科学探究中能以事实为依据,不从众,不轻易相信权威与书本;面对有说服力的证据能调整自己的观点。	进一步在科学探究中能以事实为依据,不从众,不轻易相信权威与书本;面对有说服力的证据能调整自己的观点。	在尊重证据的前提下,坚持正确的观点;当多人观察、实验结果出现不一致时,不急于下结论,而是分析原因,再次观察、实验,以事实为依据作出判断。	进一步在尊重证据的前提下,坚持正确的观点;当多人观察、实验结果出现不一致时,不急于下结论,而是分析原因,再次观察、实验,以事实为依据作出判断。
追求创新	在教师指导下,能围绕一个主题作出猜测,尝试多角度、多方式认识事物。	进一步在教师指导下,能围绕一个主题作出猜测,尝试多角度、多方式认识事物。	乐于尝试运用多种材料、多种思路,多样方法完成科学探究,体会创新乐趣。	进一步尝试运用多种材料、多种思路,多样方法完成科学探究,体会创新乐趣。	能大胆质疑,从不同视角提出研究思路,采用新的方法,利用新的材料,完成探究,设计与制作,培养创新精神。	进一步大胆质疑,从不同视角提出研究思路,采用新的方法,利用新的材料,完成探究,设计与制作,培养创新精神。

科学态度学段目标

续 表

维度	一年级	二年级	三年级	四年级	五年级	六年级
			科学态度学段目标			
合作分享	愿意倾听，分享他人的信息；乐于表达、讲述自己的观点；能按要要进行合作探究学习。	进一步倾听，分享他人的信息；乐于表达、讲述自己的观点；能按要要求进行合作探究学习。	能接纳他人的观点，完善自己的探究；能分工协作，进行多人合作的探究学习；乐于为完成探究活动，分享彼此的想法，贡献自己的力量。	进一步接纳他人的观点，完善自己的探究；能分工协作，进行多人合作的探究学习；乐于为完成探究活动，分享彼此的想法，贡献自己的力量。	能接受别人的批评意见，反思、调整自己的探究；在进行多人合作时，愿意沟通交流，综合各成员的意见，形成集体的观点。	进一步接受别人的批评意见，反思、调整自己的探究；在进行多人合作时，愿意沟通交流，综合各成员的意见，形成集体的观点。

表5-4　科学、技术、社会与环境学段目标一览表

维度	科学、技术、社会与环境学段目标					
	一年级	二年级	三年级	四年级	五年级	六年级
科学技术与日常生活的联系	了解生活中常见的科技产品及其给人类生活带来的便利。	进一步了解生活中常见的科技产品及其给人类生活带来的便利。	了解科学技术对人类生活方式和思维方式的影响。	进一步了解科学技术对人类生活方式和思维方式的影响。	了解科学技术可以减少自然灾害对人类生活的影响;了解在科学研究与技术应用中必须考虑伦理和道德的价值取向。	进一步了解科学技术可以减少自然灾害对人类生活的影响;了解在科学技术研究与技术应用中必须考虑伦理和道德的价值取向。
科学技术与社会发展的联系	了解人类可以利用科学技术改造自然,让生活环境不断得到改善。	进一步了解人类可以利用科学技术改造自然,让生活环境不断得到改善。	了解并意识到人类对产品不断改进以适应自己不断增加的需求;了解影响人类的需求是影响科学技术发展的关键因素。	进一步了解并意识到人类对产品不断改进以适应自己不断增加的需求;了解人类的需求是影响科学技术发展的关键因素。	了解人类的好奇和社会的需求是科学技术发展的动力,技术的发展和应用影响着社会发展。	进一步了解人类的好奇和社会的需求是科学技术发展的动力,技术的发展和应用影响着社会发展。

续　表

科学、技术、社会与环境学段目标

维度	一年级	二年级	三年级	四年级	五年级	六年级
人类与自然和谐相处	了解人类的生活和生产需要从自然界获取资源，同时会产生废弃物，有些垃圾可以回收利用；珍爱生命，保护身边的动植物，意识到保护环境的重要性。	进一步了解人类的生活和生产需要从自然界获取资源，同时会产生废弃物，有些垃圾可以回收利用；珍爱生命，保护身边的动植物，意识到保护环境的重要性。	了解人类的生活和生产可能造成对环境的破坏，具有参与环境保护活动的意识，愿意采取保护行动，节约资源。	进一步了解人类的生活和生产可能造成对环境的破坏，具有参与环境保护活动的意识，愿意采取保护行动，节约资源。	认识到人类、动植物、环境的相互影响和相互依存关系，了解地球上的资源是有限的，人类活动会对环境产生正面和负面的影响，自觉采取行动，保护环境。	进一步认识到人类、动植物、环境的相互影响和相互依存关系，了解地球上的资源是有限的，人类活动会对环境产生正面和负面的影响，自觉采取环保行动，保护环境。

第三节　智探科学的行走路线

一、 学科课程结构

研读《义务教育小学科学课程标准(2017年版)》，受国家人文环境、教师特色、学生特点影响，我校"智探科学"主要从"科学观察""科学阅读""科学体验""科学模型""科学创新"和"科学调查"六个方面建构课程框架图。(见图5-1)

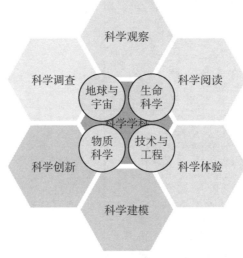

图5-1　百花洲小学"智探科学"学科课程框架图

1. 科学观察。观察是重要的科学研究方法，也是我们学习科学的重要方式。科学发现往往源于用心的观察与研究。只有具备了准确的头脑，科学发现才有可能降临。《义务教育小学科学课程标准(2017年版)》提出："教师要以小学生观察世界的角度和自主学习活动的方式来表述，而不是以成人的角度和传授知识的方式来表述。"

2. 科学阅读。古人云："开卷有益。"可见，古人对阅读的情有独钟。其实，对于任何人而言，阅读最大的好处在于：它让求知的人从中获知，让无知的人变得有知。《义务教育小学科学课程标准(2017年版)》提出："教科书的内容应能引导学生将课内的学习与课外实践、课外阅读结合起来,引导学生通过各种途径拓展知识、开展更多的探究活动,并运用知识解决力所能及的问题。"

3. 科学体验。《义务教育小学科学课程标准(2017年版)》提出："科学课程的学习,能够使学生体验科学探究的过程,初步了解与小学生认知水平相适应的一些基本的科学知识。"

4. 科学模型。科学模型在科学研究中具有重要意义。客观事物总是处在多种因素交错的复杂纷乱状态中,这就使人们深入研究某个问题时面临难以着手的困难。模型能够撇开那些次要因素、关系和过程,将主要因素、关系和过程突出地显示出来,便于人们观察、实验和理论分析。尤其是对那些"时过境迁"、不能再现因而也不可能直接观察到的现象,或者从经济、安全和道德等方面考虑不宜直接实验的对象,更需要借助于模型研究。

5. 科学创新。以小学阶段"科技创新大赛"中的项目为核心,结合本校已开展的"创新思维课程"确定教学内容,旨在培养学生的创新精神、增强学生的创新意识,发展学生的创新能力。

6. 科学调查。内容以小学阶段"科技创新大赛"中的项目为核心,活动旨在培养青少年团队意识和协作精神,增强青少年社会责任感和科学道德,提高科学素质。

二、 学科课程设置

为落实"智探科学",我们提倡以绿色高效、民主和谐的课堂氛围做好国家的基础性课程,以投入与创新搞好拓展课程与研究课程,在不断地实践探索中,逐步打造独具百小特色的科学课程,努力做到:让每一朵鲜花如其所是地绽放。设置科学课程时,我校根据时代发展和社会发展对人才的要求,同时充分考虑到不同学段的特点以及课程的综合性、选择性,以便让学科课程设置更科学、规范。(见表5-5)

表 5 - 5　百花洲小学科学拓展性课程设置表

内容类别		主题	基础课程	拓 展 课 程					
				科学观察	科学阅读	科学体验	科学模型	科学创新	科学调查
一年级	上学期	生命科学	植物	花卉	认识花卉	种植花卉			身边的植物
		物质科学	比较和测量				自制"直尺"	不同的方法测量生活用品	
		地球与宇宙							
		技术与工程							
	下学期	物质科学	我们周围的物体				自制"简易天平"	拼拼乐	调查生活用品的材料
		生命科学	动物	动物王国	认识动物	漫步植物园			
二年级	上学期	生命科学	材料	不同材料的文具	造纸术	造一张纸	设计制作一顶帽子		超市的杯子
		物质科学							
		地球与宇宙	我们的地球家园	影子的位置和方向	南昌的四季	感受风速	模拟"月相"	制作风旗	南昌 9 月的天气
		技术与工程							

续 表

内容类别	主题	基础课程	拓展课程					
			科学观察	科学阅读	科学体验	科学模型	科学创新	科学调查
三年级 下学期	生命科学							
	物质科学	磁铁						
	地球与宇宙	我们自己	家人身体的不同	认识科学家	钉子磁化	"身体"模型	科幻画	家人身体状态的不同
	技术与工程							
三年级 上学期	生命科学	植物						
	物质科学	动物						
	地球与宇宙	我们周围的材料	观察蔬菜	蔬菜中的科学	我的"宝宝"	生态瓶	科幻画	时令菜
	技术与工程	水和空气						
三年级 下学期	生命科学	植物的生长变化						
	物质科学	动物的生命周期						

续　表

内容 类别	主题	基础课程	拓展课程					
			科学观察	科学阅读	科学体验	科学模型	科学创新	科学调查
四年级　上学期	地球与宇宙	温度与水的变化	金鱼	水产	科学小实验	鱼池	快速烧水	如何破冰
	技术与工程	磁铁						
	生命科学	溶解						
	物质科学	声音						
	地球与宇宙	天气	一周的天气变化	生活与科学	太空种植	建筑模型	快来打气吧	马路上的音量
四年级　下学期	技术与工程	我们的身体						
	生命科学	电						
	物质科学	新的生命						
	地球与宇宙	食物	观察地砖	认识人造石	柠檬电池	车辆模型	自制电路	转基因食物
	技术与工程	岩石和矿物						

续　表

内容 类别		主题	基础课程	拓 展 课 程					
				科学观察	科学阅读	科学体验	科学模型	科学创新	科学调查
五年级	上学期	生命科学	生物与环境						
		物质科学	光						
		地球与宇宙	地球表面及其变化	观察家禽	板块运动	制作太阳能烤箱	三项全能车模	头脑风暴	八一公园的水质
		技术与工程	运动和力						
	下学期	生命科学	沉和浮						
		物质科学	热						
		地球与宇宙	时间的测量	观察地球仪	古代测量时间的工具	自制温度计	无线电	"头奥社"	气象局之旅
		技术与工程	地球的运动						
六年级	上学期	生命科学	工具和机械						
		物质科学	形状与结构						
		地球与宇宙	能量	观察学习用品	"森林之旅"	巧用工具解决困境	小小桥梁设计师	科技创新报告	科普调查报告
		技术与工程	生物的多样性						

续 表

内容 类别	主题	基础课程	拓 展 课 程					
			科学观察	科学阅读	科学体验	科学模型	科学创新	科学调查
下 学 期	生命科学	微小世界	观察人体口 腔细胞	虫洞	垃圾厂之旅	航模	科技创新 活动	科普调查实践 活动
	物质科学	物质的变化						
	地球与宇宙	宇宙						
	技术与工程	环境和我们						

第四节　在探究中让儿童更聪慧

"智探科学"从建设"智探课堂"、巧用"网络化教学"、设立"科技社团"、举办"巧手迎新年科技节"、加强"家庭、学校、社会资源三结合"五方面入手,激发学生的兴趣,让儿童因科学学习变得更聪慧。

一、建设"智探课堂",激发学生的探究欲

科学课是以培养小学生科学素养为宗旨,积极倡导让学生亲身经历以探究为主的学习活动,培养他们的好奇心和探究欲,发展他们对科学本质的理解,使他们学会探究解决问题的策略,为他们终身的学习和生活打好基础。

因此智探课堂创设新颖的符合小学生实际认知特点的学习情境,尝试灵活多样学习方式。遵循以科学思维为引领,实现以实验教学、智慧教学、探索教学的多种方式。

1. 实验教学。科学实验能够激发学生对科学学科的极大兴趣,更重要的是科学实验是科学探究的重要方法。"智探课堂"注重演示实验、分组实验、探究实验、趣味家庭小实验、自主创新实验、情境实验的不同模式,通过不同实验形式的观察、总结、反思和改进,促使学生养成科学方法和科学精神,启迪学生思维和培养学生的创新意识。

2. 智慧教学。表现在教学思路清晰,设计富有创意,体现生本意识。教学过程清晰,脉络流畅自然。教学预设充分,课堂生成精彩,学生参与积极。问题情景真实,注意实验探究,提供多彩环境。资源开发适当,拓展延伸适度,把握"最近发展",媒体使用适当,突破重点难点,亮点耳目一新。教学机智灵活,点拨引导到位,体现因材施教。教学风格鲜明,个性特点彰显,富有时代气息。尊重学生差异,关注学生情感,体验成功喜悦。联系生活实际,体现学科价值,激发探究兴趣。

3. 探索教学。在智探科学课堂,学生是学习的主人,学生不断探索,学习情绪高昂,主动获取新知,求知欲望强烈。

　　"智探课堂"评价表是结合科学学科特点进行考评。以在智探课堂中活动的设计,学生的积极参与状态、教学目标的实施效果来体现。(见表5-6)

表5-6　南昌市百花洲小学"智探课堂"评价表

课程名称			教学内容			
执教老师			日期			
活动时间		活动地点		参加人数		
活动分类	室外　室内	活动负责人		系列活动	是　否	
负责考评人员:						
活动内容						
			优(17~20分)	良(13~17分)	一般(9~13分)	差(4~8分)
课堂考核	教学内容是否与教案相统一,教学设计是否合理,适合学生学习(20分)					
	课堂教学常规是否正常开展,教学过程是否流畅(20分)					
	课堂教师教态得体,教学组织得当与否(20分)					
	学生参与度如何,兴趣高否(20分)					
	教学任务是否完成,教学效果如何(20分)					
	总分(100分)					
活动优点						
活动缺点						
考核人签字						

二、巧用"网络化教学"，营造丰富有趣学习场域

随着科学技术的发展，我们的教育环境和学生的生活环境都发生了巨大变化，对教学提出了新的要求。现代教育技术能进一步激发学生的学习兴趣；能针对学生学习能力的差异调整教学进度，提高学习效率；能培养学生的自我教育能力，为终身教育打基础；能为学生提供更多的高质量的科学信息；能为教师提供更多样、更先进的教学手段……现代教育技术为今天的教学开拓了广阔的天地。智探科学课程的教学常常运用以下几种现代教育技术。

1. 运用各种音像资源，开阔学生视野。如 PPT、投影、录音、录像、广播、电视等，它们可以为学生提供许多无法亲身体验的信息，开阔学生的视野。

2. 利用微视频释疑解惑，提高课堂效率。科学探究是科学学习最重要的学习方式，教学中要把大部分的时间让学生经历动手探究获取科学知识的过程。但学生因为年龄小，实际建设技能相对较差。因此我们在具体教学中必须要考虑如何培养他们的动手能力，让他们具备必要的实验建设技能。为此，在教学前，可以将一些实验的建设录制成微视频发送在微信(QQ)群，让学生借助视频了解建设的要点和注意事项，指导学生在课堂上大胆建设，在培养学生建设能力的同时，提高课堂教学效率。比如在教学《花的构造》一课时，要现场解剖一朵桃花。在解剖子房时，我在实物投影仪上进行建设，孩子们清晰地看到了我的建设过程，甚至看到了放大 20 倍的胚珠。这对孩子们的独立建设帮助很大，相对那种教师一桌一桌地演示要大大节约时间，提高了实验效率，降低了材料损耗。

3. 用好计算机软件，辅助科学教学。各种计算机辅助教学软件、文字处理软件、数据库软件、画图软件、教学评价软件，甚至包括某些智力游戏，都是很好的教学资源或工具。如可以用计算机模拟来代替一些在实验室无法完成的实验；在科学探究活动中用数据库来记录和整理数据；用文字处理和画图软件来表达结论。教师可以使用现成的软件，也可以为满足特定教学过程的需要而开发自己的软件(课件)。

4. 指导学生借助互联网，为课外实践活动提供支撑。在新媒体携带强大信息量的今天，全面提高学生的科学素养，就应该利用科学课程开放性的特点，借助实

践活动培养他们热爱科学、善于思考、求真务实、互助合作、保护环境和呵护健康的生活态度。近几年,我们引导学生利用已有科学知识,借助互联网,开展了一系列科学实践活动。如学习有关水资源的内容后,开展了"珍惜水资源、保护身边河流"实践活动,让学生在参观学习、调查研究、实际建设、记录数据、分析比较后撰写出实践报告,最后指导他们查阅资料、归类总结制作了《水资源知识宣传报》。活动的开展既锻炼了学生,又丰富了他们的生活;既激发他们对科学的好奇心和求知欲,又培养他们亲近科学、体验科学、热爱科学的情感;既训练了他们独立思考、乐于互助合作的能力,又培养了他们保护环境的意识和社会责任感。

但是,现代教育技术的运用不是为用而用,首先必须是为教学内容服务的,是教学过程与方式的有机成分,只能在必要的时候、采用恰当的形式进行,千万不要滥用。此外,尤其对小学生学习科学而言,亲历探究过程、获取第一手经验是极为重要的,不能用高新技术代替一切。亲手饲养小动物的感觉与玩电子宠物的感觉毕竟是不同的。

巧用"网络化教学"需要创造性的处理教材,引入的教学辅助材料恰到好处。教学目标必须以课程标准为引领,注重培养学生自主动手、动脑、观察、实验等能力。从教学目标、教学内容、教学过程、教学方法、教学媒体、教学素质、教学效果七个部分来评价。(见表5-7)

表5-7　南昌市百花洲小学科学网络化教学评价表

评价 目标	评 价 要 求	分值	得分
教学 目标	1. 三维目标必须符合课程标准要求,体现学科特点和学生接受能力,深浅适度,容量适中,针对性强,可达成度高。 2. 突出科学探究目标,注重培养学生动手、动脑、观察、实验等能力。 3. 面向全体学生,体现分层次教学思想,对不同层次的学生有不同的要求。	10	
教学 内容	1. 内容正确,容量适中,由浅入深。 2. 创造性地处理使用教材,引入的教学辅助材料恰到好处。 3. 师生共同搜集相关资料、准备实验器材,准备充分。	10	

续　表

评价 目标			评 价 要 求	分值	得分
教学 过程	课堂 结构		1. 结构完整,思路清晰,有改革创新意识。 2. 环节设计合理,意图明确,过渡自然。 3. 时间分配合理。	10	
	教与 学的 关系	教师 引领 作用	1. 组织严密,形式多样,活而不乱。 2. 能充分利用学生的生活经验和知识储备。 3. 面向全体,提供足够探究时间与空间,重视教学的 　延续性。	10	
		学生 参与 程度	1. 学生有强烈的求知、探究欲望。 2. 学生知识内化明显,掌握一定的学习和解决问题的 　方法。 3. 不同层次学生都能感受到成功的快乐,有创新意识 　与行为。	10	
教学 方法			方法灵活,形式多样,体现新的教学理念。通过学生的自主、合作、 展示、交流、探究等活动主动获取知识、习得方法、养成习惯,教师要 摆正自己组织者、引导者和亲密伙伴的位置。	10	
教学 媒体			1. 媒体选用恰当,能为教学服务,效果突出,建设熟练。 2. 实验器材准备充分,使用规范,演示实验效果明显,便于观察。	10	
教师 素质			1. 思维活跃,勇于创新。 2. 教态亲切、大方,语言精炼。 3. 有扎实的专业知识,课堂语言规范、科学,驾驭课堂能力强。	10	
教学 效果			1. 学生积极参与课堂教学,气氛热烈,思维活跃。 2. 通过学习,学生不但获取了知识而且习得了方法,提高了科学探 　究能力。 3. 目标达成度高。	20	

三、 设立"科技社团",满足不同学生需求

　　在一到六年级学生以社团合作研究的方式组建科学兴趣社团,确定与科学有关的研究主题,着手制定具体的、可行的、有效的活动实施方案。

　　1. 学生可根据自己的爱好,选择参加社团活动,每学期初,由班主任协助组织

报名。科学兴趣社团根据不同的内容可以细分为科学魔术社团、科学思维社团、科学创客社团、科学寻访社团等。

2. 学期初教导处和少先队辅导员统一制作"社团活动安排表",做到定人、定时、定点,有计划地开展活动。

3. 教师参与指导一个社团活动,并认真制订计划、认真备课、认真辅导、认真考核,每次活动要提前到场,坚持点名制度。

4. 开展"评、比、展"活动,让学生充分展示自己的才华和能力,让学生获得成功的喜悦和满足。

5. 加强家校联系,做好家长的思想工作,支持学生参与社团活动。

6. 期末组织各种形式的成果汇报活动,并对社团进行合理的评价,期间注意收集、保存图片。

科学兴趣社团实行多元评价方式,着重关注学生自主、合作、探究的意识,学生学会倾听、协作、分享,能体验活动过程的愉悦,能提出有意义的问题或能发表个人见解。(见表5-8)

表5-8　百花洲小学科技社团学生评价表

社团名称:科技社团　　　辅导教师者:　　　　评价时间:　　　　姓名:

评价项目	评价标准	评价结果
情感态度	1. 参与活动及表现	
	2. 提出活动的设想、建议	
	3. 克服困难和挫折	
合作交流	1. 帮助同学	
	2. 倾听同学的意见	
	3. 对社团的学习贡献	
实践能力	1. 会用多种方法搜集、处理信息	
	2. 对科学的兴趣、动手参与	
	3. 会与别人交流合作	
	4. 了解基本科学知识	

续　表

评价项目	评价标准	评价结果
成果展示	1. 活动过程记录	
	2. 科技作品	
	3. 成果创意	

四、举办"巧手迎新年科技节"，丰富科学实践课程

秉承"让学生站在科技教育的正中央"的理念，为学生搭建"勤于思考、勇于创新"的平台，丰富学生的校园文化生活，营造欢乐祥和迎元旦的节日气氛，学校每年都会开展"巧手迎新年"科技节活动。旨在活动中普及科学知识，锻炼学生的动手实践能力和勇于创新的精神，增强集体凝聚力，培养学生健康向上的生活态度和热爱科学的美好情感，为学生的童年播下幸福的种子，使学生享受更灿烂的童年。

"巧手迎新年科技节"活动坚持全员参与、以学友组合的形式合作完成。可以是一对学友或若干对学友组合共同完成一件作品。每件作品另附上一个作品说明牌，要求注明作品类型、作品名称、小组名称以及成员姓名。尽量让每个学生都在活动中得到锻炼和发展。实施过程中要注意以下方面：一是科技老师、美术老师、班主任利用科学课、美术课、班会课有效指导学生完成作品；二是各班主任在活动中鼓励学生合作完成并留好活动过程中照片资料(学生互助、班主任指导、科技或美术老师指导、家长参与、学生讨论等)；三是班主任做好小讲解员的培训工作；四是各班主任评出一、二等奖后，完成"巧手迎新年校级评分表"中的名称部分填写；五是评审小组评比结束后，听广播指挥，各年级按顺序带领学生到操场上观摩；六是所有作品需蕴含一定的科学元素(科学原理、科学幻想等)而不是简单的手工制作；七是所有作品需要以主题内提到的材料为主，可适量增加其他辅助材料但不宜过多。

在科技节中，学生要用自己的想法，自己动手制作一个作品。作品评价分为创新性、科学性、艺术性、实用性、节约性五个维度。(见表 5-9)

表5-9　百花洲小学"巧手迎新年科技节"评价表

评委：

班级	序列号	总分	班级	序列号	总分	班级	序列号	总分	班级	序列号	总分
一1班	1		一4班	1		二3班	1		三2班	1	
	2			2			2			2	
	3			3			3			3	
	4			4			4			4	
	5			5			5			5	
一2班	1		二1班	1		二4班	1		三3班	1	
	2			2			2			2	
	3			3			3			3	
	4			4			4			4	
	5			5			5			5	
一3班	1		二2班	1		三1班	1		四1班	1	
	2			2			2			2	
	3			3			3			3	
	4			4			4			4	
	5			5			5			5	

续　表

班级	序列号	总分	班级	序列号	总分	班级	序列号	总分	班级	序列号	总分
四2班	1		五1班	1		五4班	1		六3班	1	
	2			2			2			2	
	3			3			3			3	
	4			4			4			4	
	5			5			5			5	
四3班	1		五2班	1		六1班	1		六4班	1	
	2			2			2			2	
	3			3			3			3	
	4			4			4			4	
	5			5			5			5	
四4班	1		五3班	1		六2班	1				
	2			2			2				
	3			3			3				
	4			4			4				
	5			5			5				

续 表

评分标准
创新性：作品立意要新颖，是原创的或在原有基础上有较大的创新和改进的实物。体现作者的想象力和创造性。（3 分）
科学性：充分体现科技含量，充分利用新方法、新技术创作作品。使用无损于健康和道德。（2 分）
艺术性：作品在选题、设计、制作、美工上要一定的艺术水平，可视性强，有一定的收藏和保存价值。（2 分）
实用性：作品的目的是为了应用更方便，作品应尽可能接近生活、生产实践，能够解决实际问题，有可预见的经济效益和社会效益。（2 分）
节约性：作品应该是充分利用废旧物品、材料制作，应充分体现节约的思想和环境保护意识。（1 分）

五、加强家庭、学校、社会资源三结合，拓展学生学习空间

根据学校教育教学工作计划、少先队工作计划的安排，建立以智慧、探索为主旋律的、紧密结合行为规范的科技系列活动。同时，有计划地让家长与学校、社会一起，共同教育学生学会学习、学会创造。学校结合学生的年龄特点，将创新思想和科学实践活动有机结合。

1. 学校教育与社会教育、家庭教育有机地相结合，在学生感兴趣的基础上，引导学生对科学的探索欲望，并逐步建立学校、社会、家庭教育相互联系的有效机制，不断巩固教育成果。

2. 发挥学校教育的主阵地，主渠道是通过社团的学习，让学生能够在日常生活中也能发现并且解释一些简单的科学现象。让学生能够动手动脑学科学。学校充分利用社区各种资源，为教育教学和学生社会实践活动服务。

3. 社会教育对学生的教育有着一定的辅助作用。注意挖掘和发挥本地各种科学资源，丰富教育内容。每学期，我们采用请进来、走出去的方法，让校外教育队伍对学生开展教育，做到绝大多数学生离校不离教，并利用我市科技馆等教育基地，对学生进行科学创新教育。

现代科学不断进步，生活中也有许多科学知识。学校不再是唯一的教学场地，我们采用请进来、走出去的方法。这就需要家长的大力支持，社会的配合。（见表5-10）

表5-10 百花洲小学"家庭、学校、社会三结合"的评价表

	评 估 标 准	分值	打分	
组织管理	建立家校互动化工作领导机构，成立家长学校、家长委员会、家庭教育研究组，职责清晰，任务明确。	10		
	家校互动化工作纳入学校规划和年度工作计划，制订家校互动化年度工作方案，过程性工作体现方案的落实。	10		
	邀请家长参与评价科学教育教学质量、环境设施等各方面工作。	10		

续　表

评 估 标 准	分值	打分	
学校建有家庭教育网络平台,展现学校教育教学理念、办学特色、家庭教育知识等内容,科学全面,定期更新。	10		
向家长传达学校近期的重要工作及对家长的希望和要求;听取并转达家长对学校工作的意见和意愿,加强学校和家庭的相互理解和沟通。	10		
建设家长资源库,了解家长的教育程度和专业方向,倡导家长为学校和孩子们提供志愿服务。开发家长的课程资源,开设社会考察、人文素养、科学素养、实践活动、生活技能等拓展课程。	10		
科任教师通过 QQ 群、微信或微博等渠道同家长建立密切的日常联系,定期进行家庭教育信息的传递,及时发送学校要求和孩子表现。	10		
科技社团建有非单方面信息传递的网络互动平台。科任教师与家长互动充分。根据互动内容的数量及质量计分。	10		
利用社会资源,聘请家庭教育专家对教师、家长进行专题培训;选拔或培训科技比赛运动员。	10		
针对新形势下的新情况、新问题、新特点开展实践研究。	10		

综上所述,"智探科学"融合了必要的知识与技能、结合了解决现实问题的策略与过程思考,为学生的科学学习过程搭建了必要的"脚手架"。通过"智探科学"课程群充满智慧和探究味的学习实践活动,学生获得了充分的科学探究机会,学会像科学家那样进行科学探究,了解科学发展的历史,体验到学习科学的乐趣,增长了科学探究能力,形成尊重事实、善于质疑的科学态度,科学素养得到全面、可持续提升。

第六章

臻于美感
臻达最美的人性

一个艺术作品的诞生，总是在创作者轮番地相信、怀疑、热情、绝望、欣喜与痛苦之后诞生的。 伟大的艺术作品，无论最后以何种姿态呈现，你总能从中找到善与美好。 艺术创作如此，教育亦然。 真善美是教育永恒的追求，引导儿童发现美、感受美、表现美，最终创造美，继而陶冶美的心灵，成为美的使者。 如此，教育才能实现以美育美，各美其美，美人之美，美美与共。

　　音乐是生活中的一股清泉,是人的思想感情最直接的表达。音乐课程是以音乐艺术为载体、以审美教育为核心的一门课程。百花洲小学秉承"向美、向善"的课程理念,倾力打造"缤纷音乐"课程,通过丰富多彩的课程内容和表现形式,让学生得到美的熏陶的同时,获得心灵的滋养,从而让人心变得更美、更善。"缤纷音乐"以感受与欣赏为先,以表现为要,以创造为本,以文化为重。从音乐教育教学和学生认识发展及成长规律中,我们稳步推进并逐步完善"缤纷音乐"课程设置,包括"花之美""花之形""花之韵""花之灵"四大系列。一是开展音乐项目学习,与多学科课程整合,开展"我们爱学校""寻踪百花洲""金色十月之红色记忆"等主题项目学习,让学生在色彩斑斓的课程中感受音乐艺术之美。二是开展"缤纷音乐节",面向全体学生,培养健康的审美情趣,良好的艺术修养,积极营造浓厚的音乐学习氛围,以多样化的表演形式(小组唱、合唱、集体舞、独舞、乐器演奏等)掀起孩子们对"缤纷音乐"的热爱。三是评选音乐"缤纷之花",先是评出各班"缤纷之花",参加校级的"最美缤纷之花"评选。多层面多维度的表彰,在评价音乐知识与技能的同时,关注每个学生的成长,引导学生寻找自身的音乐潜力,树立孩子的自信心。

➡ 缤纷音乐
让童年五彩缤纷

　　南昌市百花洲小学音乐组现有专职教师3人,均为音乐专业本科毕业,其中中小学一级教师1人。按照学校制定的"百花洲上百花开"课程理念,教师们认真开展教研组活动和备课组活动,很好地完成学校各类各项教学工作,是一支踏实肯干、充满活力的音乐教师队伍。为进一步推进我校音乐学科课程建设,更好落实教育部《关于全面深化课程改革落实立德树人根本任务的意见》和《义务教育音乐课程标准(2011年版)》,围绕音乐学科"音乐欣赏、音乐表现、音乐创造、音乐文化"等核心素养,我校积极开展"缤纷音乐"课程群建设,取得较为显著的成效。

第一节　旋律与人性之美同频

一、学科性质观

《义务教育音乐课程标准(2011 年版)》指出：音乐是人类最古老、最具普遍性和感染力的艺术形式之一,是人类通过有组织的音响实现思想和感情的表现与交流必不可少的听觉艺术,是人类精神生活的有机组成部分；作为人类文化的一种重要形态和载体,音乐蕴涵着丰富的文化和历史内涵,以其独特的艺术魅力伴随人类历史的发展,满足人们的精神文化需求。对音乐的感悟、表现和创造,是人类的一种基本素质和能力。音乐课程的价值在于：为学生提供审美体验,陶冶情操,启迪智慧；开发创造性发展潜能,提升创造力；传承民族优秀文化,增进对世界音乐文化丰富性和多样性的认识和理解；促进人际交往、情感沟通及和谐社会的构建,其性质主要体现在人文性、审美性、实践性三个方面。

我们认为,音乐课程是以音乐艺术为载体、以审美教育为核心的一门课程。因此开设"缤纷音乐"课程,激发学生对音乐的兴趣和热爱,提高学生的音乐审美能力、创造能力和想象能力,逐渐形成积极正确的审美观。

二、学科课程理念

依据《义务教育音乐课程标准(2011 年版)》文件精神以音乐学科性质,并结合我校音乐学科的实际情况,我们提出"缤纷音乐"为核心的学科理念。

"缤纷音乐"即丰富多样的音乐。从广义上看,它包含感受与欣赏、表现、创造以及音乐与相关文化。从狭义的范畴看,小学音乐教育中最常接触到的是"表现"领域的内容,如：演唱、演奏、综合性表演艺术等。纯美、多彩的音乐教育一定是情感充盈的、打动人心的。在丰富多样的音乐表现形式下,让学生受到美的情感,美的熏陶。

1. "缤纷音乐"以感受与欣赏为先。这是音乐学习的重要领域,是整个音乐学习活动的基础,是培养学生音乐审美能力的有效途径。

2."缤纷音乐"以表现为要。音乐表现是学习音乐的基础性内容,是培养学生音乐审美能力的重要途径。

3."缤纷音乐"以创造为本。创造是发挥学生想象力和思维潜能的音乐学习领域,是学生进行音乐创作实践和发掘创造性思维能力的过程和手段,对于培养创新人才具有十分重要的意义。

4."缤纷音乐"以文化为重。音乐是人文科学属性的集中体现,是直接增进学生文化素养的学习领域,有助于扩大学生音乐文化视野,促进学生对音乐的体验与感受,提高学生音乐欣赏、表现、创造以及艺术审美的能力。

"缤纷音乐"在教学中,不仅仅是教会学生欣赏和创造音乐本身的艺术美和形式美,还要教导学生理解和引申音乐作品中更深层次的思想内涵,使学生对美的追求和创造从音乐延伸到文学、美术、行为、心灵等各个方面,从而达到音乐中旋律之美与教育的善同频。

第二节　儿童成为真善美的使者

音乐课程目标的设置以音乐课程价值的实现为依据。通过教学及各种生动的音乐实践活动,培养学生爱好音乐的情趣,发展音乐感受与鉴赏能力、表现能力和创造能力,提高音乐文化素养,丰富情感体验,陶冶高尚情操。

一、　学科课程总体目标

学生通过音乐课程学习和参与丰富多样的艺术实践活动,探究、发现、领略音乐的艺术魅力,培养学生对音乐的持久兴趣,涵养美感,和谐身心,陶冶情操,健全人格。学习并掌握必要的音乐基础知识和基本技能,拓展文化视野,发展音乐听觉与欣赏能力、表现能力和创造能力,形成基本的音乐素养。丰富情感体验,培养良好的审美情趣和积极乐观的生活态度,促进身心的健康发展。更好地引导学生以美扬美,以美怡心,让他们学会去揭示、去描绘、去抒发、去展现各自的音乐艺术魅力,成为真、善、美的使者。

（一）情感、态度、价值观方面

1. 丰富情感体验,培养对生活的积极乐观态度。音乐学习可以丰富学生的情感体验,使其情感世界受到潜移默化的感染和熏陶,建立起对人类、对自然、对一切美好事物的关爱之情,进而养成对生活的积极乐观态度和对美好未来的向往与追求。

2. 培养音乐兴趣,树立终身学习的愿望。通过各种有效的途径和方式引导学生走进音乐,在亲身参与音乐活动的过程中喜爱音乐,掌握音乐的基本知识和基本技能,逐步养成欣赏音乐的良好习惯,为终身喜爱音乐奠定基础。

3. 提高音乐审美能力,陶冶高尚情操。通过训练学生对音乐作品情绪、格调、人文内涵的感受和理解,培养学生音乐的欣赏能力,养成健康向上的审美情趣,使其在真善美的艺术世界里受到高尚情操的陶冶。

4. 培养爱国主义情感,增强集体主义精神。通过音乐作品中所表现的对祖国山河、人民、历史、文化和社会发展的赞美和歌颂,培养学生的爱国主义情感;在音乐实践活动中,培养学生良好的行为习惯和宽容理解、互相尊重、共同合作的意识,增强集体主义精神。

5. 尊重艺术,理解世界文化的多样性。尊重艺术家的创造劳动,尊重艺术作品,养成良好的欣赏音乐艺术的习惯。通过系统地学习母语音乐文化和不同民族、不同国家、不同时代的作品,感知音乐中的民族风格和情感,了解不同民族的音乐传统,热爱中华民族音乐文化,学习世界其他民族的音乐,理解音乐文化的多样性。

（二）过程与方法方面

1. 体验。完整而充分地聆听音乐作品,在音乐体验与感受中,享受音乐审美过程的愉悦,体验与理解音乐的感性特征与精神内涵。

2. 模仿。通过亲身参与演唱、演奏、编创等艺术实践活动,并适当地运用观察、比较和练习等方法进行模仿,积累感性经验,为音乐表现和创造能力的进一步发展奠定基础。

3. 探究。培养学生对音乐的好奇心和探究愿望,重视自主学习的探究过程,使学生能够积极参与以即兴式自由发挥为主要特点的探究与创作活动。

4. 合作。在音乐艺术的集体表演形式和实践过程中,能够与他人充分交流、密切合作,不断增强集体意识和协调能力。

5. 综合。通过以音乐为主线的艺术实践,渗透和运用其他艺术表现形式和相关学科的知识,更好地理解音乐的意义及其在人类艺术活动中的特殊表现形式和独特的价值。

（三）知识与技能方面

1. 音乐基础知识。学习并掌握音乐基本要素(如力度、速度、音色、节奏、节拍、旋律、调式、和声等)、常见结构、体裁形式、风格流派和演唱、演奏、识谱、编创等基础知识。

2. 音乐基本技能。学习演唱、演奏、创作的初步技能,能够自信、自然有表情地演唱歌曲和演奏课堂乐器,了解音乐创作的基本方法。在音乐听觉感知基础上识读乐谱,在音乐实践活动中运用乐谱。

3. 音乐历史与相关文化知识。了解中外音乐发展的简要历史和有代表性的音乐家,初步识别不同时代、不同民族的音乐。认识音乐与姊妹艺术的联系,感知不同艺术门类的主要表现手段和艺术形式特征。了解音乐与艺术之外其他学科的联系,扩展音乐文化视野。根据自己的生活经验和已学过的知识,认识音乐的社会功能,理解音乐与社会生活的关系。

二、 学科课程年级目标

1. 一年级课程目标

应充分注意一年级学生以形象思维为主,好奇、好动、模仿力强的身心特点,善于利用儿童自然的嗓音和灵巧的形体,采用歌、舞、图片、游戏相结合的手段,进行直观教学。结合所学歌曲认识简单的节奏符号,用声音、语言、身体动作表现简单的节奏;用唱名模唱简单乐谱,用自己的声音或打击乐器模仿自然界和生活中的声音,并用打击乐器奏出强弱、长短不同的音,感受并描述音乐中力度、速度的变化;

唱歌或聆听时能够即兴做动作,聆听歌声时能作出相应的体态反应,体验并说出音乐情绪的相同与不同;听辨童声、女声和男声。

聆听不同国家、地区、民族的儿歌、童谣及小型器乐曲或乐曲片段,初步感受其不同风格,并随音乐走步、跳舞;区别独唱、独奏、齐唱、齐奏;对指挥动作及前奏作出反应,配合歌曲、乐曲用身体做动作;能够用线条、色块、图形,记录声音或音乐;用简单的形体动作配合音乐节奏,表现不同节奏、节拍、情绪的音乐。

2. 二年级课程目标

二年级的孩子们活泼好动、天真烂漫,喜欢唱歌,能够感受音乐律动美,以直观形象思维为主。经过一学年的学习,已经能够独自或和同学一起演唱歌曲,对于歌曲内涵有自己的初步了解,能够认识并演奏部分打击乐器,学习习惯也在逐步养成。本学期学生将继续系统化地学习音乐,教师应注意引导学生正确对待,使学生爱学、愿学。学生的整体情况预计不均衡,情况参差不齐。所以,对不同学生应用不同教法,要培养学生专长,即"普遍培养,重点发展"。使学生各方面均有提高。学生年龄小,生性活泼,在这一点下功夫,重点发展节奏、律动的学习。增强学生身体的协调能力,让学生可以渐渐增强身体的协调性、节奏感。

3. 三年级课程目标

学生的生活范围和认知领域进一步扩展,体验感受与探索创造的活动能力增强。应注意引导学生对音乐的整体感受,丰富教学曲目的体裁、形式,增加乐器演奏及音乐创造活动的分量,以生动活泼的教学形式和艺术的魅力吸引学生。

结合所学歌曲认识唱名、音符、休止符及一些常用记号;通过识读简单乐谱,自制简单乐器表现自然界或生活中的声音;对自然界和生活中的声音用自己的声音或乐器进行模仿,并随着熟悉的歌曲或乐曲哼唱,在体态上做出反应;听辨不同类型的女声和男声,知道常见的中国民族乐器和西洋乐器,并能听辨其音色;在感知音乐节奏和旋律过程中,能够初步辨别节拍的不同,能够听辨旋律的高低、快慢、强弱,能感知音乐主题,乐句和段落的变化,并能用线条色彩表现出来。

聆听不同体裁和类别的歌曲和乐曲,并通过律动和打击乐表现。能区分齐唱与合唱,齐奏与合奏;聆听中国民族民间音乐,知道一些有代表性的地区和民族的民歌、民间舞蹈、民间器乐曲和戏曲、曲艺音乐等,了解其不同的风格;聆听世界各国民族民间音乐,感受一些国家和民族音乐的不同风格;培养学生热爱民族音乐及爱国主义精神。

4. 四年级课程目标

随着生活范围和认知领域进一步扩展,学生的体验感受与探索创造的活动能力增强。注意引导孩子对音乐的整体感受,丰富教学曲目的体裁、形式,增加合唱、乐器演奏及音乐创造活动的分量,以生动活泼的教学形式和艺术魅力吸引学生。学生能发现自然界和生活中的各种音响,能够用自己的声音或乐器模仿喜欢的音响。能听辨歌唱中不同类型的女声和男声音色,说出人声的分类初步能辨别二拍子、三拍子、四拍子的不同,体验其律动感。能够听辨不同情绪的音乐,能作简要描述。聆听中国民族民间音乐,了解有代表性的地区和民族的民歌、民间歌舞、民间器乐曲和以京剧为代表的中国戏曲及曲艺音乐,体验其不同的风格。

培养学生热爱民族音乐及爱国主义精神。乐于参与各种演唱活动,演奏活动,有良好的演唱、演奏习惯,能够对自己和他人的演奏做简单评价。富有一定创造性,观赏戏剧和舞蹈,初步认识在其中的作用。能选用合适的背景音乐,为儿歌、童话故事或诗朗诵配乐。

5. 五年级课程目标

随着生活范围和认知领域进一步扩展,学生的体验感受与探索创造的活动能力增强。注意引导学生对音乐的整体感受,丰富教学曲目的体裁、形式,增加合唱、乐器演奏及音乐创造活动的分置,以生动活泼的教学形式和艺术魅力吸引学生。部分学生进入变声期,应渗透变声期嗓音保护知识。保持对音乐的兴趣;培养音乐感受与欣赏的能力,初步养成良好的音乐欣赏习惯。能自信地、有表情地演唱,乐于参与演奏及其他音乐表现、创造活动。

培养艺术想象力和创造力。培养乐观的态度和友爱精神,增强集体意识,培养合作能力。学习一些适合小学生演唱的中外优秀歌曲。注重学生用力度、速度的变化手段表现歌曲情感,能够独立、自信地唱歌。欣赏教学是培养学生音乐感受、欣赏和审美能力的有效途径。中外优秀音乐作品对于开阔学生视野,提高文化素养,丰富情感具有重要意义。识谱教学是学生学习音乐的必要环节。教学要符合学生的认知规律,把知识融入音乐实践中去。避免单纯而枯燥的讲授,要从感性入手,深入浅出,逐步提高。综合训练为本课的重要特色之一,通过某一种形式(如歌唱发声、节奏、律动、乐器演奏、音高听辨、节奏与旋律的排列和音乐创作等)的练习、达到多种技能训练或知识运用的要求,依照各课教学目的、既抓住训练重点,又要有所兼顾,充分发挥每一条练习中所包含的训练作用。

6. 六年级课程目标

学生能主动、大方地编创动作,姿态优美、自然,表演效果好。学生能够对各种音乐实践活动有兴趣,能大胆、自信地展示自己的才能。知道演唱的正确姿势及呼吸方法,并能在歌唱实践中逐步掌握和运用;能用自然、优美的声音,准确的节奏、速度和音准,有表情地、有感情地独唱或参与合唱,能对他人及自己的演唱作简单评价;在掌握本学期教材上的所有歌曲的基础上会背唱四首歌曲;学习课堂小型乐器的演奏方法,能够积极参与歌曲的表演。

结合所学歌曲,了解歌词声调与旋律音调的密切关系;通过乐曲学习,能够划分乐曲的乐段结构,知道常见的中国民族乐器和西洋乐器,并能听辨其音色;在感知音乐节奏和旋律过程中,能够初步辨别节拍的不同,能够听辨旋律的各音乐要素,如高低、快慢、强弱,能感知音乐主题,乐句和段落的变化,并能用线条色彩和图谱表现出来。

聆听不同体裁和类别的歌曲和乐曲,并通过律动和打击乐表现。能区分齐唱与合唱,齐奏与合奏;聆听中国民族民间音乐,知道一些有代表性的地区和民族的民歌、民间舞蹈、民间器乐曲和戏曲、曲艺等,了解其不同的风格;聆听世界各国民族民间音乐,感受一些国家和民族音乐的不同风格;培养学生热爱民族音乐及音乐审美情趣。

第三节 把一切美好融入动人旋律

"缤纷音乐"是我校"百花课程体系"中"艺术类课程"的重要组成部分。基于"缤纷音乐"的学科理念和课程目标,我校确立了"缤纷音乐"课程框架。

一、　学科课程结构

依据《义务教育音乐课程标准(2011年版)》课程内容的结构框架分为四大类：
音乐感受与欣赏、音乐表现、音乐创造、音乐与相关文化。我校设置了"花之美、花
之灵、花之形、花之韵"四部分课程内容。(见图6-1)

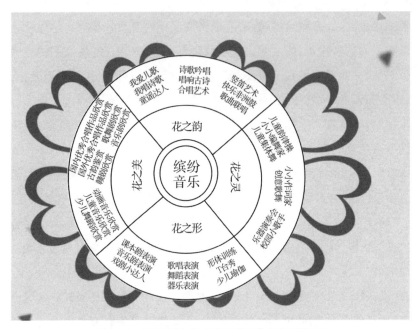

图6-1　百花洲小学"缤纷音乐"课程结构图

在音乐感受与欣赏方面,包括能感受到音乐的表现要素、音乐情绪与情感、音
乐体裁与形式及音乐风格与流派。对此我校根据自身特色创建"花之美"课程,如
低段的动画音乐欣赏、高段的中外优秀合唱作品欣赏和优秀舞蹈作品欣赏等课程。

在音乐表现方面,包括演唱、演奏、综合性艺术表演、展现形体之美。对此我校
根据自身特色创建"花之形"课程。如形体训练等课程。

在音乐创造方面,包括探索音响与音乐、即兴编创、歌舞及创作实践。对此我
校根据自身特色创建"花之灵"课程。如创意歌舞等课程。

在音乐与相关文化方面,包括音乐与社会生活、音乐与姊妹艺术、音乐与艺术
之外的其他学科。对此我校根据自身特色创建"花之韵"课程。如配乐诗歌朗诵、

古诗吟唱、课本剧表演等。

二、 学科课程设置

从音乐教育教学和学生认识发展及成长规律中,我们稳步推进并逐步完善"缤纷音乐"课程设置,让孩子们的学习水到渠成、表现自信。"缤纷音乐"课程设置不仅让学生欣赏、表现、创造音乐,更重要的是扩大学生音乐文化视野,促进学生对音乐的体验与感受,提高学生音乐欣赏、表现、创造以及艺术审美的能力。在基础类音乐课程之上以螺旋上升的态势培养孩子的欣赏、表现、创造能力。

"缤纷音乐"课程的纵向布局按照每一年级的每一学期设置如下。(见表 6-1)

表6-1 百花洲小学音乐学科课程设置表

学期 \ 课程		花之美	花之韵	花之形	花之灵
一年级	上学期	动画音乐欣赏	我爱儿歌	儿歌表演	儿童韵律操
	下学期	动画音乐欣赏	我唱诗歌	小小演唱会	小百花舞蹈
二年级	上学期	儿童音乐欣赏	童谣达人	少儿形体训练	小百花舞蹈
	下学期	儿童舞蹈欣赏	诗歌吟唱	小组唱表演	校园小歌手
三年级	上学期	少儿舞蹈欣赏	竖笛艺术	形体训练	小小编舞家
	下学期	国内优秀合唱作品欣赏	合唱艺术	少儿瑜伽	儿童集体舞
四年级	上学期	国外优秀合唱作品欣赏	童声合唱	课本剧表演	创意歌舞
	下学期	国内优秀舞蹈作品欣赏	竖笛艺术	T台秀	创意歌舞
五年级	上学期	古韵鉴赏	歌曲联唱	表演艺术	小小编导
	下学期	赣剧欣赏地方戏曲	竖笛艺术	戏剧小达人	创意歌舞
六年级	上学期	歌舞剧欣赏	配乐诗朗诵	音乐剧表演	小小编导
	下学期	音乐剧欣赏	快乐非洲鼓	毕业展演	旋律创编

第四节　让儿童陶醉在音乐的美妙中

"缤纷音乐"以全面推进素质教育,着眼于音乐教学的活动性、开放性,激发学生音乐学习的兴趣,提高学生音乐学习的积极性,通过学生实践活动,完成科学的、开放的教学评价,有效地促进学生音乐素质的全面发展。

"缤纷音乐"学科课程的实施主要从以下几个方面入手。

一、建构"缤纷课堂",有效实施音乐课程

小学音乐教育是小学素质教育中美育的重要构成元素。在义务教育阶段,音乐课程的教学任务是使每一名学生的音乐潜能得以开发,使学生都从音乐教育中受益,为学生将来的发展奠定良好的根基。因此我校在学校课程外又增设了"缤纷课堂"以此拓展音乐素质教育。

"缤纷课堂"的建设,是对学校领导和教师课程能力的考验。是我校加强学校内部与学校外部资源的开发与利用,以培养学生欣赏、表现、创造、文化能力的提升,追求学生兴趣的拓展、视野的拓展、能力的拓展。因此在课程实施过程中,要充分发挥本校音乐教师的综合水平,结合教师的特长,制定拓展课程。教学中也要充分利用好多媒体的广大资源,让"缤纷音乐"课程有效地实施下去。

"缤纷课堂"是以学生的认知水平为基础,遵循音乐学习的客观规律;在学生的真实自主合作探究中,自然得出的评价表。"缤纷课堂"评价细则如下。(见表6-2)

二、建设"缤纷课程",丰富音乐课程内涵

"缤纷课程"建设有助于深层次的推进音乐教育改革,保障音乐课程和学校教育的适应性,全面推进小学音乐教学质量的综合性发展。在"缤纷课程"建设当中,必须体现出学校本土特色,体现出学校教学的宗旨,以及学生音乐素质的培养需要,从而进一步拓宽学生的学习范围,为学生搭建音乐综合能力发展的平台,也为教师素质建设提供有效路径。

表6-2 百花洲小学"缤纷课堂"评价细目表

类别	指标	标 准 解 读	分值	得分
思路环节	自然	学习目标表述能将"三维目标"有机渗透融合,具体、明确,可操作、可检测,直指情感、态度、价值观与过程方法及知识技能的统一。	10分	
		1. 主线清晰,重难点突出;结构合理,循序渐进。	10分	
		2. 能够根据内容分配时间,单位时间效率高。	5分	
		3. 课堂立足音乐学科素养,教学内容丰富。	5分	
交流气氛	从容	1. 将课堂自主权还给学生,倡导个性化、多样化学习,通过自主自学,合作探究,多元互动,和谐共生的多种学习方式。	5分	
		2. 教师努力营造探究学习的条件:激发学生探究的欲望,设计发散性和探究性的问题,留足探究问题的空间,要给学生足够的自主学习时间和互动的交流时间。	5分	
		3. 教师善于引导、鼓励学生质疑,培养学生的质疑能力。学生在课堂中敢于质疑,并表现出一定的质疑能力。	5分	
		4. 学习目标问题化,以明确的学习任务作为启动和组织学生学习活动的操作把手,激发学生探究新知的热情。	5分	
教学方法	自由	1. 最大限度地了解学生学习中遇到的问题,并对问题进行梳理归纳,聚焦问题,用问题引领、指导学生探究,学生自主探究时间充分。	10分	
		2. 教师参与学生探究活动,能兼顾到各个层面的学生。	10分	
		3. 学生参与展示交流时,态度积极,参与面广,参与度深。	10分	
		4. 学生在自学和展示的过程中,体现合作、探究、实践、质疑等学习方式;学生能够恰当评价;教师进行适时引导,关注有效生成,使问题获得解决。	10分	
本课的亮点:		独特感受:	合计:	

　　"缤纷课程"以"1＋X"的模式建设,它是在基础课程之上,根据学情、师情、校情创造性研发的多个拓展课程。"1＋X"课程模式是国家课程扩展化的实施,它丰富了"缤纷课程群"的内容。课程的丰富性是课程群发展的基础,但课程群的质量就取决于课程的精致性。我们要建设高质量的"缤纷课程"。

　　"缤纷课程"的创建直指音乐学科核心素养,使其成为人生中重要的痕迹和标识。"缤纷课程"立足目标,整合基础课程。"缤纷课程"自主选择,促进选修课程。课前学生的自主选择课程充分体现了学生学习的主体性,以兴趣为导向将选择权交给学生。"缤纷音乐"以丰富的课程门类,优良的课程品质吸引课程学生,着力适应每一个学生的全面发展,提升每一位老师的专业素养。每学期一周内下午的两节课的课时为自由选择课程的学生提供了时间和空间上的保证。

　　结合"缤纷课程"的实践和操作可以判断,优秀课程要具备目标意识、活动体验、高效实施;自主发展、体现魅力等特点。因此"缤纷课程"评价细目如下。(见表6－3)

表6－3　百花洲小学"缤纷课程"评价细目表

项目	评价内容	评价形式	评价等级 (优良中下)
理念	能开发挖掘有意义的课程内容,满足学生兴趣发展的需求,促进学生互助共进交往,内容有可学性、迁移性等,并能及时修整。	课程实施方案、学期活动小结等	
设计	拟定以活动为主要实施方法的课程纲要,并根据课程纲要制订一份课程实施计划。	课程实施记载本中的课程纲要	
实施	1. 能根据教学计划,精心准备,坚持因材施教,认真指导。 2. 课程实施能满足学生的兴趣发展需求,重视发展学生的个性特长,能开发出适合学生特点和利于学生发展的语文课程,重视培养学生的实践能力和创造能力,受到学生喜爱。	1. 课程实施记录 2. 学生问卷调查、随机访谈、学生活动感受记录	

续　表

项目	评 价 内 容	评价形式	评价等级 （优良中下）
评价	按照课程要求制订出个性化的学生评价方案,组织好对学生的发展评价,认真做好评价工作。	课程实施评价方案、学生成果展示	
反思	能够根据课程纲要的设计、课程实施和课程评价中的各个环节进行思考,形成有效经验和建议,并积极完善课程。	个别访谈、查看反思	

三、 创建"缤纷社团",发展学生音乐兴趣

为了更好地配合学校做好"缤纷音乐"课程,进一步展示我校的艺术风采和文化底蕴,丰富学生的校外文化生活,激发学生学习音乐的兴趣,培养学生的音乐审美能力、艺术修养及表现能力,弘扬学生个性发展,学校组建了"缤纷音乐社团"。

"缤纷音乐社团"是音乐学习实践的重要组成部分,是学生交流音乐的空间、展示自我的平台。我们以"让每一名学生每学期至少参加一个缤纷音乐社团"为建设目标,引导学生广泛参与各类社团活动,力争让每一名学生都能较好地掌握一样音乐专项特长。我们组织专门机构负责缤纷社团,定期组织学习研究,协调校内外、课内外关系,保证方案正常实施。舞蹈社团、合唱社团、民乐社团、管乐社团等丰富多彩的音乐活动社团,充分体现音乐学习的生活化、社会化。

责任到位,师生见长。各项缤纷音乐课程和活动均设立具体的负责教师,由学校根据教师在音乐领域的专业、特长和爱好,在自愿的基础上统筹调配,每个课程配置2位教师,一位教师负责具体的教学活动安排、备课等教学任务;一位教师负责学生的召集、考勤并协助授课教师完成教学活动,以此对学生进行针对性教学。

固定时间,自主选择。我们把缤纷社团的全部活动安排在每周固定活动时间,便于教师的统一安排,也有利于学校形成浓厚的音乐社团氛围。根据课程内容不同,面向各个年级招募参加人员,可以跨越年级,每个社团人数尽量不超过50人,以保障学习效果。我们充分利用学校现有资源各功能室及学生教室,真正做到物

尽其极,物尽其用。

我校将"缤纷社团"建设作为培养学生综合素质的重要途径,随着各个社团规模不断扩大,社团活动日益丰富,社团作用不断增强,"缤纷社团"成为我校发展的一个"新亮点"。"缤纷社团"评价标准主要有以下几方面。

1."缤纷社团"活动记录认真完整。活动方案制订丰富多彩规范细致,可操作性强,活动过程较详细,学期结束有活动反思或小结。

2.教师充分履行指导的职责。社团活动过程中,教师能进行有效的指导,帮助学生发展特长。

3.师生加强社团管理重注文化建设。社团活动文明有序,体现社团主题的特色。

4.学期结束时,社团能以个性的方式展示社团活动成果。

5.通过调查问卷、访问、谈话等形式了解学生对社团活动满意程度,满意率超过60%为合格,75%为良好,85%为优秀。

四、推行"缤纷音乐节",浓郁音乐学习氛围

以学校为基础,面向全体学生,培养学生健康的审美情趣、良好的艺术修养,促进学生德智体美全面发展,学校推行"缤纷音乐节"。音乐节在学校的统一指导下,充分发挥学生的积极性、主动性、创造性,开展一系列形式多样,有利于学生全面发展的健康、积极、文明、高雅的各类活动,要求层层发动,班班开展,人人参与。

每个节日,都是一个美妙的故事,是一份特别的情趣,是一种浓厚的氛围。孩子对节日的期盼和传统习俗的仪式感,从一定意义上渲染且提升了人们美好生活的精神境界。

我们每年创设"缤纷音乐节",积极营造浓厚的音乐学习氛围,以不同的主题(或合唱或班级集体舞或器乐演奏等)掀起学生对"缤纷音乐"的热情。

音乐节鼓励班级为单位,每个学生都参与进来,并在音乐节结束时设置奖杯、奖牌、奖状,以此提高学校班级的凝聚力。"缤纷音乐节"活动安排如下。(见表6-4)

表6-4　百花洲小学"缤纷音乐节"活动安排表

时间	名称	内容	实施
4月	诗歌吟唱	以"清明"为主题,用朗诵诗歌的形式表达对先烈的缅怀和思念。	由学校统一筹备,分年级汇总参赛作品,再推选出优胜者进行校级展演。
5月	"缤纷之花"才艺大比拼	以自选才艺的形式,进行比赛。	由学校统一筹备,评选校园"最美缤纷之花",并在六一节进行全校表彰。
6月	六一儿童节	以"我要上六一"为主题,用文艺汇演的形式表达快乐的心情。	由学校统一筹备,分年级进行海选,再推选出优胜者进行校级展演。
9月	合唱节	以"建制班"的形式开展班级合唱比赛。	学校统一筹备,以班级为单位,统一进行比赛。
10月	舞蹈节	以"我爱祖国"为主题开展舞蹈比赛。	由学校统一筹备,分年级进行海选,再推选出优胜者进行校级决赛。

　　"缤纷音乐节"课程评价是保证节日课程活动正常进行的必要手段,节日课程活动要规范化、科学化,真正促进学生的发展,就必须构建合理的评价体系,对节日课程活动的评价应遵循发展性、适宜性、类别性的原则,采用观摩谈话,案例分析等方法及时进行。"缤纷音乐节"评价细目如下。(见表6-5)

表6-5　百花洲小学"缤纷音乐节"评价细目表

项目	评价标准	等级 (优良中下)	亮点	建议
主题	鲜明、新颖、有明确的指向性			
	时代感强,体现学校学生形象的要求			
内容	活动内容新颖,符合学生的年龄特征			
	活动环节典型,有说服力和感染力			
	结合实际,贴近学生生活和社会现实			
形式	寓教于乐,有利于学生个性特长的展示			
	层次分明,结构完整紧凑			
	丰富多样,学生喜闻乐见			
	环境营造得体,较好地烘托音乐节主题			

续　表

项目	评 价 标 准	等级 （优良中下）	亮点	建议
过程	学生热情参与,主体作用发挥好			
	循序渐进,激发学生爱祖国、爱生活、爱他人的热情。反映了学生的认识特点和情感发生规律。			
	教师引领学生有方,指导有度			
效果	学生积极体验,深刻感悟,激起情感共鸣			
	学生精神振奋,思想境界得到提升			

五、 评选"缤纷之花",增强学生的榜样教育

关注每一个学生的成长,引导全体学生寻找自身音乐潜力,挖掘自身潜力;引导广大教师发掘学生的闪光点,关注学生的点滴进步。通过榜样带动的作用,使队员们有进一步努力、前进的目标,让更多的孩子发现自己的闪光点、找到成长中的自信。通过评选对学生进行多方面的正面引导,树立学生的自信心,使学生生动、活泼、健康、主动、全面发展。

每年 12 月,各班在音乐老师的组织下,对所教班级的同学,在演唱、演奏、舞蹈、戏曲等音乐表演方面,评选出各班"缤纷之花",每学年 5 月,班级"缤纷之花"参加校级才艺大比拼,评选校园"最美缤纷之花",并在六一节进行全校表彰。"缤纷之花"班级评选细目如下。(见表 6-6)

表 6-6　百花洲小学"缤纷之花"班级评选表

评价项目	评 价 标 准	评价
歌曲	能准确演唱本学期所学歌曲或本学期获得专业机构颁发的考级证书、比赛获奖证书	
舞蹈	本学期获得专业机构颁发的考级证书、比赛获奖证书。	

续　表

评价项目	评 价 标 准	评价
器乐	能流利演奏一首以上乐曲或本学期获得专业机构颁发的考级证书、比赛获奖证书	
其他	本学期获得此项才艺专业机构颁发的考级证书或比赛获奖证书	

　　总之，"缤纷音乐"希望每一名学生不仅是音乐的学习者，更是音乐艺术的创造者。学校通过多种艺术形式将核心素养落地生根，把音乐素养浸润在"缤纷音乐"的每个课程中。用课程培养学生兴趣，提高审美能力，引导其寻找自身的音乐潜力，让更多的学生发现自己的闪光点，在成长中树立自信心，让每一名学生都能用音乐熏陶自己，让美好的旋律伴随其快乐地、积极向上地成长。

后 记

　　南昌市百花洲小学坐落在千年名胜百花洲畔,原东湖书院旧址,百年来立根在此一直岿然不动。要论起地域文化,人文轶事确实不少;若谈到学校课程文化,从上世纪 90 年代到 2016 年止,学校都有过校本课程的研发和实践历程,积累了一些经验,也取得一些成绩。如 1996 年两万多字的长篇通讯《百花洲上百花开——南昌市百花洲小学实施素质教育纪实》在《人民教育》刊发,算是开了东湖教育之先河。又如 2018 年学校综合改革成果"促进随迁子女融入的'四共'合作教育机制建构与实施"获国家级教学成果二等奖,可谓再次奏响东湖教育最强音。即便如此,在我参加了 2017 年上海嘉定品质课程研讨会后,却深感学校的课程改革与国内一些先进学校相比还有差距。我意识到,学校已有的课程改革经验或是以丰富学校课程的门类为目的,一门一门地增设校本课程,或是为了解决办学难题而设立一个课程研发主题,继而建设相应的特色课程群。这些做法属于点状或线状层次的课程改革,虽取得一定的育人成效,但作用是局部的、有限的,无法满足新时代教育发展使命的要求。新时代教育背景下的课程改革呼唤对课程的教育本质、价值取向和实践方法做哲学范式的追问和反思,并以此建构全人性、发展性的学校教育哲学理念,建设有逻辑的全景式的学校课程体系,彰显课程更全面、更完整的育人成效。

　　2017 年,上海市教育科学研究院杨四耕教授团队与东湖区教育科技体育局合作推进"品质课程研究与实践"项目,学校全体教师开始与品质课程携手同行,百花园课程文化由此孕育、萌芽、生长。

　　三个春秋,我们在专家的指导下完全沉浸在学校课程深度变革的行动中。最难解决的是新时代学校教育哲学观建设问题。教育哲学观不是一般哲学观的简单套用和嫁接,它是时代价值取向在课程领域的呈现和具体化,是教师基于课程的基本认识和理解而产生的信念系统。作为校长的我,长期以来与学校老师们一同科研,一起教改,对学校的教育教学实践以及老师的课程观念早已了然于心。带着一定要建设好学校教育哲学的信心，我沉下心对课程的本质与范畴、立场与价值、结构与功能等基本问题进行反复思辨，对学校已有的教育观念进行系统的反思，又将教师的课程行为、师生关系、教学范式等具体问题做反复审视。终于，"百花教育"哲学观确定下来，其核心育人目标为"让每一朵花如其所是地绽放"，不仅延续了学校原有的公平教育、合作教育，更融入了绽放教育、唯美教育这些可以支撑学生走向未来美好生活的因素，得到专家的肯定和老师们的认可。在此基础上，和赵红英老师一起完成了贯穿"百花教育"哲学内涵的"百花园课程"整体规划。紧接着，学校相继出台百花洲小学文化品牌策划书，推出较完善的"灿烂五月"和"金色十月"百花园课程实施月活动。最让我感动的是"醉美语文、生长数学、灵性美术、悦动英语、智探科学、缤纷音乐"等课程群的华丽诞生，几乎每一位教师都投入到新课程的思考、开发和实践当中，教师们的专业素养在拔节生长，百花园课程也在不断地走向成熟。

今天，当我们以"学校课程的文化表情"来给这本书命名的时候，不由得让我再次追溯起学校文化的源头。当年东湖书院创建时，一代哲人袁燮在亲撰《东湖书院记》中写道："君子之学，在于养其心立其身而宏大其器业。"这是何其高远而广阔的思想境界！如今，"养心立身，百花齐放"已成为学校的校训和全体师生追求的目标。感谢所有参于编写书稿的老师们，为了"让每一朵花如其所是地绽放"，大家秉承百年老校文化根基，以身示范，一方面积极、认真、精益求精地聆听专家讲座、研讨课改策略、撰写行动计划，一方面又专心、热心、不厌其烦地查找专业书籍、指导学生实践、完善课程方案，才有了今天这厚厚一沓书稿。

现在，百小教师在品质课程行进中那一串串或深或浅的脚印，就在这本书的字里行间，期待您的发现并提出宝贵的意见！

李美荣

2020 年 2 月 9 日

教师专业发展的理论与实务	978 - 7 - 5760 - 0721 - 3	42.00	2021 年 2 月
课堂教学的 30 个微技术	978 - 7 - 5760 - 1043 - 5	52.00	2020 年 12 月
教学诠释学	978 - 7 - 5760 - 0394 - 9	42.00	2020 年 9 月
原点教学:提升区域育人质量的策略研究			
	978 - 7 - 5760 - 0212 - 6	56.00	2020 年 8 月
聚焦学科核心素养的课堂教学	978 - 7 - 5675 - 8455 - 6	36.00	2018 年 11 月
指向学科核心素养的课堂教学范式			
	978 - 7 - 5675 - 8671 - 0	54.00	2019 年 6 月

学校课程发展丛书

数学学科课程群	978 - 7 - 5675 - 9445 - 6	58.00	2019 年 8 月
科学学科课程群	978 - 7 - 5675 - 9593 - 4	34.00	2019 年 9 月
核心素养与课程设计	978 - 7 - 5675 - 9462 - 3	46.00	2019 年 9 月
语文学科课程群	978 - 7 - 5675 - 9441 - 8	56.00	2019 年 9 月
品牌培育与学校课程	978 - 7 - 5675 - 9372 - 5	39.00	2019 年 9 月
英语学科课程群	978 - 7 - 5675 - 9575 - 0	39.00	2019 年 10 月
体艺学科课程群	978 - 7 - 5675 - 9594 - 1	34.00	2019 年 10 月
跨学科课程的 20 个创意设计	978 - 7 - 5675 - 9576 - 7	34.00	2019 年 10 月
学校课程与文化变革	978 - 7 - 5675 - 9343 - 5	52.00	2019 年 10 月

品质课程实验研究丛书

学校课程框架的建构:HOME 课程的旨趣与架构			
	978 - 7 - 5675 - 9167 - 7	36.00	2019 年 9 月
聚焦育人目标的课程设计:红棉花季课程的愿景与追求			
	978 - 7 - 5675 - 9233 - 9	39.00	2019 年 10 月

核心素养导向的课程设计:花园式课程的文化与聚焦

                            978 - 7 - 5675 - 9037 - 3   48.00   2019 年 10 月

学校课程文化的实践脉络:百步梯课程的逻辑与架构

                            978 - 7 - 5675 - 9140 - 0   48.00   2019 年 11 月

学校课程发展策略:SMILE 课程的逻辑与深度

                            978 - 7 - 5675 - 9302 - 2   46.00   2019 年 12 月

聚焦内涵发展的课程探究:芳香式课程的理念与实施

                            978 - 7 - 5675 - 9509 - 5   48.00   2020 年 1 月

以儿童为中心的课程:欢乐谷课程的旨趣与维度

                            978 - 7 - 5675 - 9489 - 0   45.00   2020 年 1 月

学校课程体系的建构:"小螺号课程"的架构与创生

                            978 - 7 - 5760 - 0445 - 8   45.00   2020 年 9 月

特色学校聚焦丛书

每一个孩子都是一棵树	978 - 7 - 5675 - 6978 - 2	28.00	2018 年 1 月
教育不是一个人的事:"众教育"36 条			
	978 - 7 - 5675 - 7649 - 0	32.00	2018 年 8 月
不一样的生命,一样的精彩	978 - 7 - 5675 - 8675 - 8	34.00	2019 年 3 月
童味正醇:特色学校的文化图谱	978 - 7 - 5675 - 8944 - 5	39.00	2019 年 8 月
特色普通高中课程建设探索	978 - 7 - 5675 - 9574 - 3	34.00	2019 年 10 月
儿童是天生的探索者:360°科学启蒙教育			
	978 - 7 - 5675 - 9273 - 5	36.00	2020 年 2 月
做精神灿烂的教师:教师自我成长的 5 个密码			
	978 - 7 - 5760 - 0367 - 3	34.00	2020 年 7 月
让教育温暖而芬芳	978 - 7 - 5760 - 0537 - 0	36.00	2020 年 9 月
快乐教育与内涵生长	978 - 7 - 5760 - 0517 - 2	46.00	2020 年 12 月
故事教育与儿童发展	978 - 7 - 5760 - 0671 - 1	39.00	2021 年 1 月

跨学科课程丛书

大情境课程：主题设计与创意评价

                978 - 7 - 5760 - 0210 - 2   44.00   2020 年 5 月

社会参与素养的培育模型与干预机制

                978 - 7 - 5760 - 0211 - 9   36.00   2020 年 5 月

大概念课程：幼儿园特色主题活动设计

                978 - 7 - 5760 - 0656 - 8   52.00   2020 年 8 月

核心素养导向的课堂教学丛书

漾着诗性智慧的课堂教学   978 - 7 - 5675 - 9308 - 4   39.00   2019 年 7 月

转识成智的课堂教学：核心素养导向的历史教学

                978 - 7 - 5760 - 0164 - 8   40.00   2020 年 5 月

学导式教学：学会学习的教学范式

                978 - 7 - 5760 - 0278 - 2   42.00   2020 年 7 月

高阶思维教学的关键技术   978 - 7 - 5760 - 0526 - 4   42.00   2021 年 1 月

特色课程建设丛书

教师，生长的课程   978 - 7 - 5760 - 0609 - 4   34.00   2020 年 12 月

学校课程发展的实践范式   978 - 7 - 5760 - 0717 - 6   46.00   2020 年 12 月

丰富学习经历：如歌式课程的愿景与深度

                978 - 7 - 5760 - 0785 - 5   42.00   2020 年 12 月